好爸爸好妈妈丛书

淡定面对青春期

给青春期孩子家长的50封信

殷余忠◎著

海天出版社（中国·深圳）

图书在版编目（CIP）数据

淡定面对青春期：给青春期孩子家长的50封信 / 殷
余忠著. — 深圳：海天出版社，2016.4
　（好爸爸好妈妈丛书）
　ISBN 978-7-5507-1565-3

　Ⅰ. ①淡… Ⅱ. ①殷… Ⅲ. ①青春期—家庭教育
Ⅳ. ①G78

中国版本图书馆CIP数据核字(2016)第033820号

淡定面对青春期：给青春期孩子家长的50封信
DANDING MIANDUI QINGCHUNQI：GEI QINGCHUNQI HAIZI JIAZHANG DE 50 FENG XIN

出 品 人	聂雄前
责任编辑	班国春　李　春
责任技编	蔡梅琴
装帧设计	线艺设计　电话 83460339

出版发行　海天出版社
地　　址　深圳市彩田南路海天综合大厦7-8层（518033）
网　　址　www.htph.com.cn
订购电话　0755-83460202（批发）　83460239（邮购）
设计制作　深圳市线艺形象设计有限公司　0755-83460339
印　　刷　深圳市希望印务有限公司
开　　本　787mm×1092mm　1/32
印　　张　5
字　　数　100千
版　　次　2016年4月第1版
印　　次　2016年4月第1次
定　　价　20.00元

自序

古人云"欲治其国者，先齐其家"，这充分说明了家庭教育的重要性。家庭教育的好坏已直接影响到一个孩子整体素质的优劣，影响到一个民族的兴衰。我国古代素有重视家庭教育的优良传统，还特别重视总结积累家庭教育的经验，给后人留下了丰富的家庭教育文化遗产。诸如以魏晋南北朝时期颜之推的《颜氏家训》，宋朝袁采的被称为"《颜氏家训》之亚"的《袁氏世范》和司马光的《温公家范》为代表的古代家训，就有几百种之多，还有许多论述家庭教育的文章与不计其数的教子家书和诗词，都是宝贵的精神财富。这么丰富的家庭教育文化遗产，在整个世界上是绝无仅有的，是任何国家都不能比拟的。到近现代，重视家庭教育的传统继续发扬。民国年间出版发行了几十种家庭教育方面的著作和大量的文章，最有代表性、流传最广泛的是民国初年广东省省长朱庆澜先生的《家庭教育》一书，以及鲁迅先生以《我们现在怎样做父亲》为代表的一系列家庭教育文章。特别是陈鹤琴先生的《家庭教育》一书，自1925年问世以来，在长达半个多世纪的岁月里，再版达近20次之多，到今天还继续再版。改革开放以来，我国开始把普通教育学和心理学的理论迁移到家庭教育学研究领域，通过解读我国传统的家庭教育经验和理论成果，"古为今用"，

"洋为中用"，以指导当代的家庭教育，为社会主义家庭教育事业发展服务。2004年颁布的《中共中央国务院关于进一步加强和改进未成年人思想道德建设的若干意见》就指出："家庭教育在未成年人思想道德建设中具有特殊重要的作用。要把家庭教育与社会教育、学校教育紧密结合起来。各级妇联组织、教育行政部门和中小学校要切实担负起指导和推进家庭教育的责任。"进一步明确了家庭教育的重要性和必要性。

孩子是父母生命的延续，是家庭幸福的希望，也是国家和民族的未来。在孩子成长的历程中，父母的一举一动、一言一行，无时无刻、无处不在地潜移默化地影响着孩子。家长要引导教育孩子从小养成良好的行为习惯，比如感恩师长，尊重他人，拥有爱心，热爱学习，勇于创新，全面发展，等等，为孩子的成长铺就基石。但遗憾的是，不少家长对此不够重视，更谈不上正确的教育理念和人才观念。一谈到家教，就变成了花钱上补习课，上名校，甚至出国留学。一旦孩子出现问题，家长就责怪学校和社会，而不是反思自己。这种急功近利、一厢情愿的做法，造成孩子精神压力沉重，催生了孩子的逆反心理和对抗行为，父母自己也苦恼不已。

正因为如此，笔者在20多年的学校青春期教育实践的基础上，从2010年起开始研究青春期孩子的家庭教育，坚持把心理健康教育理论运用到家庭教育中，为中小学家长作了近200场辅导讲座，每次讲课均受到了家长的热烈欢迎。课后与家长互动，家长提出了许多关于孩子青春期教育的问题，笔者筛选出了其中50多个，编辑成书。所以，一定程度上，本书是笔者多年青春期教育实践的结晶。通观本书，不难发现有以下几个特点：

一是针对性强。本书中写给家长的50封信，都是笔者从几百个家庭教育问题中精选出来的，都是家长迫切需要解决的案例，这些案例具有相当的普遍性和代表性。

二是实践性强。笔者从中小学心理健康教育的理论和实践出发，在对案例进行科学分析的基础上，提出了具体的教育方法和策略，具有较强的实践性。

三是可读性强。本书在具体问题的解答中，说理透彻，分析清晰，内容翔实，通俗易懂，具有较强的可读性。

世界上有许多事情可以等待，可以重来，唯独孩子的成长不能等待，不可重来。为人父母，既然"生其身"，就要"树其人，暖其心，导其行，砺其志"，抚育他们成人成才。这不仅是每一位父母应尽的责任，也是全社会共同的责任。为了孩子，让我们携起手来，共同担当起教育的责任！

是为序。

2015年9月20日

目 录

1

学习辅导编

生理辅导编

水到满时自溢出
——孩子频繁遗精怎么办

小林妈妈：

　　您好！

　　来信已收悉。信中您谈到您正在上初二年级的小林。最近您给他整理床铺或洗衣服时经常发现他的床单和内裤上有淡黄色的痕迹，一闻还有一股异味，遇到水时黏糊糊的，刚开始一个月三四次，现在一个月有10多次。您不知道这么多次的遗精正常不正常；如果遗精过多的话，该如何进行预防。

　　小林妈妈，所谓遗精，是指在非性交的情况下生殖器将精子和精液排出体外的一种现象。如果身体发育成熟以后，每周有1~2次遗精，是正常的生理现象，这是孩子性器官逐渐发育成熟，睾丸开始不断地产生精液，当精液在体内积聚到一定数量再也贮存不了时，常常会通过遗精的方式排出体外，这就是中医所讲的"精满则溢"的道理。如果遗精次数过多，每周在3次以上或一有性冲动就遗精，这就属于频繁遗精，频繁遗精与身体疾病或性幻想等因素有关。

小林妈妈，小林每月有10多次遗精发生，有频繁遗精的迹象。频繁遗精容易使孩子出现精神萎靡不振、情绪不稳定、记忆力下降、遇事无精打采、性功能减退等现象，影响今后的学习与生活。所以，必须加以重视，但也不必恐慌，稍加教育就能够纠正。主要的教育方法有：

1. 远离不良习惯

禁止孩子看色情淫秽书刊和影视音像制品，排除杂念，清心寡欲，恬淡虚无，顺其自然。

2. 注意生活起居

指导孩子注意日常生活起居，衣裤应宽松些，夜晚不要进食过饱。睡前用温水洗脚，被褥不宜过重，脚部不宜盖得太暖。养成侧卧睡眠的习惯，以减少阴茎被刺激和压迫的机会。

3. 注意心理卫生

教育孩子一方面要注意心理卫生和精神调摄，消除恐惧、紧张、焦虑等心理状态，培养自己开朗、乐观、冷静、客观、坚强的性格，经常保持轻松愉快的情绪，千万勿把生理现象视为疾病，增加精神负担，自寻烦恼。另一方面不要中途忍精，不要用手捏住阴茎不让精液流出，以免败精贮留精宫，变生他病。遗精后不要受凉，更不要用冷水洗涤，以防寒邪乘虚而入。同时，要培养多种兴趣和爱好，适当参加体育活动、体力劳动和文娱活动，转移对性的关注，把主要精力放在学习和社会活动上。

4. 正确面对躁动

随着性功能的发展，青春期孩子出现性好奇和接近异性的欲望，这很正常。但由于环境和舆论的限制，孩子这种朦胧的好奇心和欲望不得不压抑，经常处于烦躁和不安之中，导致睡梦中遗精。一旦出现这种现象，就要转移注意力，把心思用在学习生活中，减轻性幻想，防止频繁遗精。

　　小林妈妈，如果上述方法多次使用以后还不见效果，甚至遗精更加频繁，就要带小林及时去看医生，配合药物治疗来控制频繁遗精。相信只要采取科学的方法，小林频繁遗精的问题一定会得到有效解决的。

　　最后，祝您全家身体健康，快乐幸福，事事如意！

　　此致

敬礼

殷老师
2014年12月7日

2

过度手淫必伤身
——孩子过度手淫怎么办

小磊爸爸:

您好!

来信已收悉。您在信中谈到您正在上初三年级的儿子小磊。上星期二早上,您推开小磊卧室房门时,无意中发现小磊正对着黄色图片手淫。当时您就狠狠痛骂了小磊一顿,可小磊竟然说手淫有益于健康。当时您心里非常疑惑。为了说服小磊,您上网查了许多资料,有的资料说手淫对身体健康无害,有的资料说手淫有害,面对两种不同的观点,您不知道到底该相信哪一种。

小磊爸爸,不少青少年都有手淫现象。随着年龄的增长,孩子对性充满着新奇和渴望,有着朦胧的憧憬,开始出现性冲动,于是在夜间上床入睡前或早晨醒来后进行手淫。手淫绝对不是一种罪恶的行为,以往认为手淫有害的观点,现在已经逐渐地被淡化了,适度的手淫不仅不会对身体造成任何伤害,而且善加利用还可以帮助孩子释放压力,有利于焕发出更大的学习热情。但过度手淫势必会造成孩子严重的精神负担，导致意志消沉、记忆力减退、注意力不集中、理解力下降、失眠、多梦、头昏、心悸等，甚至影响今后的性生活。

小磊爸爸，孩子手淫缓解了性冲动带来的紧张与焦虑，达到了暂时的心理平衡，但如果教育不当，会导致孩子乐此不疲，有害身体健康。那么，应该如何防止孩子过度手淫呢？我认为主要有以下方法：

1. 知识学习法

过度手淫是心理不健康的表现之一。传授青春期健康教育知识，消除孩子对手淫的恐惧心理和好奇心理，指导孩子树立正确的生活态度，把主要精力和时间放在学习和活动上，让生活过得充实而有意义，可以有效防止孩子的过度手淫行为。

2. 及时睡眠法

教育孩子养成上床就入睡的习惯，不接触有关性的信息，不要躺在床上胡思乱想。早晨起床要及时，醒后即起，不可留恋被窝，有尿勿憋，及时排掉，防止阴茎勃起。

3. 转移注意法

指导孩子培养广泛的兴趣爱好，把注意力集中在学习和活动上，减少不良的性刺激，不看色情书籍和影视节目，控制意淫，同时通过运动的方式或丰富多彩的课余生活，将过于旺盛的性能量化解掉。

4. 卫生保健法

指导孩子养成良好的卫生习惯，注意保持生殖器清洁，经常清洗，除去积垢。如有生殖系统炎症，要及时治疗，消除身体的不适。

　　小磊爸爸，随着物质生活的不断丰富，饮食营养的大大提高，思想文化的日益开放，学习压力的持续增长，青少年性成熟趋前而社会性成熟延后的情况日趋严重。因此，科学认识和正确对待孩子的手淫问题，具有重要的现实意义。我相信，随着你们的努力，小磊的问题一定会得到有效解决的。

　　最后，祝您全家身体健康，快乐幸福，事事如意！

　　此致

敬礼

　　　　　　　　　　　　　　　　　　　　　　殷老师

　　　　　　　　　　　　　　　　　　　　　　2014年3月15日

3

落红并非无情物
——孩子月经不调怎么办

小芹妈妈：

　　您好！

　　来信已收悉。信中您谈到您女儿小芹，3年前来了月经，一直都很正常。自从去年暑期升入初三以后，由于课业负担加重，作业量变多，小芹每天晚上的家庭作业一直要做到将近12点，为此小芹经常睡不好，也没有什么食欲，整天唉声叹气，愁容满面，焦虑不堪。3个月前，小芹的月经也变得不规律了，经量很少，时间上拖拖拉拉要十多天，而且颜色异常，呈暗红色。您陪她去几所医院做了检查，排除了器质性的疾病，医生说主要是由情绪紧张引起的。眼看小芹就要中考，却被月经问题所困扰，为此您非常担心，但又不知道如何调节小芹的情绪。

　　小芹妈妈，您来信中反映，小芹的月经不调主要是由情绪问题引起的。长期的情绪压抑紧张或遭受重大精神刺激和心理创伤，会引起孩子中枢神经系统与下丘脑垂体间的功能失调，使性腺激素的分泌受到影响，卵泡成熟和排卵功能发生障碍，从而引起月经紊乱。

小芹妈妈，情绪紧张引起的月经不调对孩子的危害较大，不仅影响孩子的身心健康，而且影响孩子的学习成绩。因此，有必要引起充分重视，及时进行心理调节，具体调节方法有：

1. 心理暗示法

心理暗示法是用间接含蓄的方法来影响孩子的精神状态，如自我安慰、自我疏导、自我激励等。孩子考前心理压力大，情绪紧张，伴有失眠、焦躁等症状，运用心理暗示法，可以有效地调节孩子的心理状态，治疗月经不调。

2. 认知干预法

认知干预法认为，认知和情绪之间的关系是相互的。良性的认知是人快乐、健康的保证，而负性认知则是坏情绪出现的原因。通常，负性认知会引起身体不适，导致情绪波动激烈，而激烈变化的情绪又反过来影响认知，形成恶性循环。因此，在心理调节中，首先要矫正孩子的负性认知，建立正确的认知模式，打破由负性认知引起的恶性循环。

3. 发泄治疗法

很多人在现实生活中受了委屈，经常将之埋在心里，而不吐露出来，长久下来会造成心里憋闷，内心产生负荷，而一旦负荷超过自身心理防御机制的极限，就会引起心理疾病。所以，情绪紧张时，可以通过使用合适的途径（如呐喊、运动、唱歌、涂鸦等）进行发泄，减轻自身的心理负荷。

4. 注意转移法

人情绪紧张时，注意力会高度集中在一点上。这时候多与孩子谈话交流，可以分散孩子的注意力，帮助孩子关注其他方面，从而达到治疗的效果。

5. 陶冶情操法

现代医学研究表明，音乐能够舒缓人的情绪，缓解身体和心理的疲乏。听音乐、绘画、练书法等，可以陶冶孩子的情操，使不良情绪得到缓解。

小芹妈妈，小芹月经不调，除了调节紧张心理以外，还应遵照医嘱按时服药，并注意经期卫生，注意保暖，注意休息，加强营养，增强体质。我相信，只要治疗得当，小芹月经不调的问题一定会得到有效解决的。

最后，祝您全家身体健康，快乐幸福，事事如意！

此致

敬礼

殷老师
2014年5月21日

痘痘烦恼谁人解

——孩子痤疮烦恼怎么办

小伟妈妈：

您好！

来信已收悉。您在信中谈到您正在上初三年级的儿子小伟，去年春天脸上就开始长痘痘，有时还很痒，小伟就忍不住去挤、去挠，结果越挠越痒，越挤越多。看到自己脸上长满了痘痘，小伟感到非常自卑。他经常对家人说："满脸的痘痘，让我感到非常没面子，老是担心人家议论，常常不得不低着头走路。"面对儿子这种情况，您不知道该如何对他进行辅导。

小伟妈妈，青春痘又叫面疱、粉刺、酒刺、暗疮等，是毛囊及皮脂腺阻塞发炎所引发的一种慢性皮肤病，它与青春期孩子激素分泌过旺、精神紧张疲劳和清洁卫生不当等因素有关。由于青春期的孩子非常在意自己的外貌，脸上长了痘痘，往往会让孩子产生自卑心理，这种心理又反过来加重病情，从而形成恶性循环。

小伟妈妈，脸上的青春痘不仅会使孩子变得自卑，不敢与人交往，影响孩子的社会化进程，而且会使孩子变得急躁，产生心烦意乱、容易发怒等不良情绪。因此，有必要及时做好孩子的心理疏导工作。具体疏导的方法有：

1. 调整生活方式

要求孩子每天做到早睡早起，保证充分睡眠。晚饭后不喝咖啡、茶，以及含酒精的饮料，不吸烟；入睡前不收看紧张刺激的电视、影碟等等。

2. 合理释放压力

据研究，内向型的孩子容易长青春痘。内向型孩子通常把很多的感受放在心底，自己去咀嚼和消化，由此产生较大的心理压力，滋生青春痘。因此，家长要指导孩子开阔心胸，开朗活泼，情绪紧张时可以通过倾诉、呐喊、涂鸦、运动、唱歌等方式来释放压力。

3. 积极心理暗示

脸上长了青春痘后，如果抱怨，或者自卑，在意别人的眼光，就会导致心理负面情绪积累，造成生理和心理上的恶性循环。通过积极的心理暗示，比如每天对着镜子说"我很美，尽管我长着可爱的小痘痘"，"我很自信，我会成功"，等等，可以提高孩子的自信，减少青春痘的产生。

4. 养成良好性格

心理会影响生理，也就是说，心理得以舒展，生理问题就会消失。培养孩子良好的性格，凡事大度从容，自信乐观，面对困难和挫折不屈服，不气馁，也会减少青春痘的产生。

5. 保持平稳心情

情绪激烈，肝火过于旺盛，自然会影响孩子的内分泌，内分泌失调会诱发青春痘。保持心情平稳，缓解急躁情绪，会有利于改善内分泌。

小伟妈妈，除了上述保健方法以外，还应教育孩子注意面部卫生，避免搔抓挤压，不用油质化妆品，保持毛囊皮脂腺导管的通畅；注意饮食结构，少吃高脂肪、高糖、辛辣、油煎的食品及少喝白酒、咖啡等刺激性饮料，多吃蔬菜、水果，多饮开水，等等。我相信，只要方法得当，小伟的心理问题一定会得到有效解决的。

最后，祝您全家身体健康，快乐幸福，事事如意！

此致

敬礼

殷老师

2014年10月21日

5

心美才是真的美
——孩子体像烦恼怎么办

小茜妈妈：

您好！

来信已收悉。您在信中谈到您正在上初中三年级的女儿小茜，从小就长得皮肤黝黑、容貌一般。小学时，她与班级女同学在一起时，并未在意自己的长相。到了初二，她看着身边的女同学一个个出落得亭亭玉立，皮肤白皙，不禁为自己皮肤黝黑而深感烦恼，个别同学还戏称她为"黑姑娘"。小茜听到后，越发感到伤心和痛苦，觉得自己就像一个丑小鸭，是一个没有价值的人。在这种心情笼罩下，小茜整天往自己脸上涂脂抹粉，静不下心来学习，学习成绩逐渐下降。面对小茜出现的这种现象，您不知道该如何对她进行辅导。

小茜妈妈，小茜出现的这种现象叫体像烦恼，它的产生主要与青少年的认知偏差有关。心理学研究认为，青少年的爱美动机以及对美丑的情绪体验，都产生于自尊的需要，这种需要从很小年龄就开始发展，并不断得到强化。到了青春期，随着外形的变化，多数青少年都希望自己像明星一样有一个理想的身体形象，一旦发现自己身上所发生的一切与理想差得太多，自尊就受到打击，就会产生体像烦恼。

小茜妈妈，体像烦恼不仅使孩子产生较多的消极情绪，导致学习兴趣降低，学习成绩下降，而且还使孩子产生自卑心理，不敢与异性从容交往。因此，有必要及时加以辅导。辅导时，首先，应告诉孩子不要过分看重自己的容貌。心理学认为，人的容貌美丑与人际吸引力虽有一定关系，但其影响是微乎其微的，人们更看重的是内在的修养品德，学识才华，是否有共同的兴趣爱好，等等。其次，让孩子正视现实。爱美之心，人皆有之，谁都希望自己生得美。愿望毕竟不是现实，一个人生得美与丑，不能由自己决定。与其面对一个难以改变的事实作无益的哀叹，不如正视现实，承认现实。只有这样，才能打消孩子头脑中不切实际的愿望，重新认识自己。再次，发现并培养孩子的优势或特长。由于生活阅历简单，孩子很难看到自身的优势，这就需要家长下功夫多观察，多思考，多和孩子交流，多挖掘孩子身上的闪光点，一旦找到与众不同的优势，孩子的自信心、自豪感就会被激发，就会减少对体像的追求。最后，为孩子提供丰富的精神生活空间。周末或者假期，带着孩子到大自然中转转，到历史名胜处看看，等等。只要孩子的精神空间填充了较多的真、善、美，孩子的不恰当追求也就会自然地减少。

小茜妈妈，一个人的美应是外在美与内在美的和谐统一。我们既要教育孩子注重自己的仪表，体现外在美；更要提高自己的文化素养，加强品德修养，培育美的心灵，心灵美才是真的美。我相信，经过你们的努力，小茜的体像烦恼一定会得到有效解决的。

最后，祝您全家身体健康，快乐幸福，万事如意！

此致

敬礼

殷老师

2015年3月12日

6

花开花落应有时

——孩子发育迟缓怎么办

小春爸爸：

　　您好！

　　来信已收悉。您在信中谈到您正在上初中三年级的儿子小春，15周岁，身高才1.65米，还没有长胡须，喉结也不突出，说话还是奶声奶气，也看不出有什么肌肉线条。前几天您和他一起到澡堂洗澡，发现他的阴茎非常短小，只有3厘米左右。想到他同班同学进入初中后一个个发育得人高马大、英俊潇洒，您对小春迟迟不发育感到非常担忧，不知道小春是不是性晚熟了。

　　小春爸爸，青少年性晚熟没有具体的标准，小春迟迟没有发育可能与遗传基因、疾病或营养不良有关。一般地说，年龄到了14周岁，仍然缺乏性征发育的任何征象，就应该考虑是不是有性晚熟的可能，如果从青春期躯体发育特征的出现到生殖器官的生长完善，超过5年还没有完成，也要考虑是不是有性晚熟的情况。

　　小春爸爸，部分性晚熟的孩子由于第二性征晚出现或不出现，导致孩子身材矮小，产生自卑心理，影响孩子的社会化进程，应引起家长的充分重视，切实加以关注。首先，家长要正确对待。对于性晚熟，家长不能等闲视之，也用不着过分焦虑担忧，要正确地对待，及时请医生检查，做到对症下药。例如，一些慢性疾病，如肺结核、先天性心脏病等，会使得全身发育不良，常常引起性晚熟。这类疾病经医生检查后，容易发现并可以及时治疗。其次，要多注意补充营养。近来研究发现，大部分性晚熟是属于体质性的，这种体质性的性晚熟与体内缺锌有关。多吃一些含锌量高的食物，全面吸收营养，有助于纠正性晚熟。再次，鼓励孩子参加户外运动。一些运动，如跳绳、打篮球、游泳、摸高等下肢运动多的项目，可以刺激骨骼生长，有助于孩子长个。最后，保持充足睡眠。据科学研究，孩子在睡眠期间会分泌生长激素。虽然初中孩子功课紧，作业多，但到了睡眠时间，还是要督促孩子及时上床睡觉，切忌违反生物钟规律。

小春爸爸，对于性晚熟的孩子，除了注意青春期生理保健以外，还应积极关注孩子的心理、行为和同伴交往的变化，给予适当的引导和指点。同时，家长要因势利导，适时给孩子讲解一些性健康的知识，帮助他们树立正确的成长观念、性观念和是非观念，帮助孩子解决情绪冲突，纠正心理问题。我相信，只要措施得当，您的疑惑一定会得到有效解决的。

最后，衷心祝您全家身体健康，快乐幸福，万事如意！

此致

敬礼

殷老师
2015年4月12日

7

健康饮食养声带

——孩子声带沙哑怎么办

小剑爸爸：

您好！

来信已收悉。您在信中谈到您正在上初二年级的儿子小剑，自从进入青春期以来，声音就从稚嫩变得异常低沉、沙哑，音调极不稳定，说话带有严重鼻音，就像公鸭嗓子一样，小剑为此感到非常难为情，也感到非常担心，生怕嗓子出现什么问题。看到他很担忧的样子，您不知道该如何对他进行教育。

小剑爸爸，根据您的描述，小剑已经进入了发育的变声期。变声期是指14-16岁的青少年经历声带变化的时期。男生的变声期一般在14-16岁，到18岁可完成。变声期期间，孩子喉头、声带增长，伴随声音嘶哑、音域狭窄、发音疲劳、局部充血水肿、分泌物增多，说话、唱歌时的声音会逐渐与儿童时代不同，时间持续半年至一年。

小剑爸爸，小剑变声期出现声音沙哑是一种正常的生理现象，您不必为此过分担心。由于青春期的孩子喜欢大声说话唱歌，随时随地表现自己的嗓门大，稍不注意会导致声带充血、水肿，或者发生声带小结或声带息肉，轻者导致发音疲倦无力，音调改变；重者出现声音嘶哑甚至呼吸困难不能说话。因此，家长有必要教育孩子正确使用嗓子，不大声喧哗，不过度唱歌。注意喉部保暖，尤其是冬天，尽量不穿低领的衣服，小心感冒。生活中要劳逸结合，要积极参加体育活动，增强体质，每天要保证充足的睡眠，不熬夜，等等。在孩子饮食调理上，首先，要保障孩子摄取足量的胶原蛋白和弹性蛋白质，因为发音器官主要是由喉头、喉结和甲状软骨构成，这些器官是由胶原蛋白质构成的，声带也是由弹性蛋白质组成的，含有弹性蛋白质的食物有猪蹄、猪皮、蹄筋等等。其次，应摄入富含维生素B和钙质的食物。维生素B_2、维生素B_6能促进皮肤的发育，钙质能促进甲状软骨的发育，都有利于声带的生长。再次，应避免过多食用辛辣刺激性食物，如辣椒、大蒜、胡椒粉、烟酒等，以防刺激声带黏膜，引起急、慢性喉炎和咽炎。同时，多吃些软质食物和精细食物，不宜吃粗硬食物，以防损伤咽喉。进食时宜细嚼慢咽，切忌狼吞虎咽。吃鱼时更应注意，以防鱼刺伤咽喉。最后，要注意适量饮水。饮水可减少或清除喉腔的分泌物，从而减少细菌的滋生，有力防止咽炎的发生。

小剑爸爸，心理与情绪对孩子能否顺利度过变声期也有很大影响，由于变声期的声带常处于充血或生理炎症状态，失去控制能力，这个阶段的孩子唱歌时常有心理负担，以至不愿开口，甚至出现紧张、恐惧、焦虑情绪等。因此，变声期保持正常的心理状态和平和稳定的情绪，正确看待嗓音的变化，避免出现"男声女调"等异常嗓音非常重要。我相信，随着你们的努力，小剑的问题一定会得到有效解决的。

最后，衷心祝您全家身体健康，快乐幸福，万事如意！

此致

敬礼

殷老师

2015年4月17日

心理辅导编

8

阳光总在风雨后
——孩子情绪抑郁怎么办

小瑾爸爸：

您好！

来信已收悉。信中您谈到您正在上初二年级的女儿小瑾，自幼妈妈因病去世，您好不容易一把屎一把尿把她拉扯大，送她到学校上学。小瑾从小学开始，学习成绩一直名列班级前茅，升入初二以后，英语学习遇到了困难，课堂上经常因回答不出老师的提问而遭到批评，学习成绩也开始下滑，这次期中考试中总分一下子落到了班级中下游，为此您非常着急，在家中训斥了她。自从被您训斥以后，小瑾就变得不爱说话了，整天愁眉不展，饭也不想吃，也不出门，成绩更是一落千丈，甚至说过不想上学。面对孩子的这种情形，您不知道该如何对她进行教育。

小瑾爸爸，根据您信中的描述，小瑾最近可能产生了抑郁情绪。当人们遇到精神压力、生活挫折、痛苦境遇、生老病死、天灾人祸等情况时，会产生抑郁情绪。孩子抑郁情绪的产生，一方面是由于遭到了老师的批评和家长的训斥，自尊心受到伤害，心理失衡，失去了奋斗的方向，感觉在同学面前抬不起头，不想与同学交往，造成人际交往危机。另一方面是由于孩子进入青春期以后，情绪和情感体验愈益深刻，遇到突发事件，就往坏处想，深陷在失败之中，好像一切都已经毁掉。

小瑾爸爸，孩子情绪抑郁时，常缺乏信心，不论对学习还是对生活都兴趣索然，不愿与人交流；谈及前途时心情暗淡，甚至公开流泪；上课时思维抑制，反应迟缓，精力不集中，常常走神；平时活动中行为被动，自我封闭，缺乏主动性，不愿参加集体活动，个人卫生懒于料理，有沉默和独处倾向，不合群。针对孩子的这种情况，可以从以下几方面加以辅导：

1. 宣泄释放

作为家长应放下身段，平等地找孩子谈话，耐心听取孩子学习生活中的种种"不如意"，引导孩子宣泄积存在内心深处的负面情绪。相信随着负面情绪的释放，孩子会鼓起重新出发的信心和勇气的。

2. 转移注意

当孩子情绪抑郁时，可以安排活动转移其注意力。例如，可以写封信，打个电话，逛逛商店，外出旅游，等等；或者要求孩子把日常活动记下来，了解每天的时间是怎样消磨的。这样做，有利于孩子克服由于抑郁情绪而带来的懒散和精力消耗。

3. 调整思维

抑郁会影响回忆，从而使抑郁心情延续下去。人们心情沮丧时，总爱回忆发生在自己身上那些坏的事情，而这种回忆又会加重抑郁心情。因此，有必要根据艾利斯的ABC理论，指导孩子认识消极的思维模式，改变消极的思维方法，努力从积极的角度去思考问题，避免抑郁倾向。

4. 寻求支持

有一个可以完全依赖的亲人、朋友或老师，是防止抑郁心情的最有效的方法。家长要教育孩子，当心中情绪低落时，就不要犹豫，及时寻求他人的支持和帮助，倾诉心中的想法。

5. 音乐治疗

音乐治疗对有抑郁倾向的孩子有特殊的疗效，多听一些激扬高亢的音乐，比如《真心英雄》《感恩的心》《高山流水》和贝多芬的《命运交响曲》等，可以通过潜意识的通道，唤醒孩子那些被压抑或遗忘的经验，进行合理的释放，等等。

小瑾爸爸，现代社会发展出现了两种趋势：高速发展的经济与发展缓慢甚至倒退的人文关怀。在这两种趋势下，孩子极易出现心理问题。这就要求我们家长要尊重每个孩子，与他们建立平等的亲子关系，时刻关心他们的心理成长。我相信阳光总在风雨后，随着你们的努力，小瑾一定会早日从抑郁情绪中解脱出来的。

最后，祝您全家身体健康，快乐幸福，事事如意！

此致

敬礼

殷老师
2014年5月7日

炫耀攀比不可取

——孩子攀比怎么办

小金爸爸:

您好!

来信已收悉。信中您谈到您夫妻俩都是普通工人,儿子小金正在上初一年级。最近小金看到班级中不少同学身上穿着名牌服装和鞋子,戴着名牌手表和精美的眼镜,骑着高档赛车,心中非常羡慕,竟然不顾家庭的实际生活条件,三番两次要求爸爸妈妈也要添置这些高档消费品。被妈妈拒绝后,小金就哭闹不停,甚至威胁不去上学。面对小金的这种情形,您不知道该如何对他进行教育。

小金爸爸,小金的问题实际上是攀比心理在作怪。孩子的攀比心理在物质方面主要表现为比穿着,看谁的衣服是名牌,是正宗;比学习用品,看谁的铅笔盒漂亮、高档;比零用钱,看谁带的钱多,看谁花钱大方。表现在家庭条件方面,主要是比谁家的房子大、漂亮、位置好;比谁的父母当的官大、钱多、车子好;比谁家的生活用品高档;等等。表现在外表方面，主要是比长相，比身高，比头发，比皮肤，等等；表现在荣誉方面，主要是比谁在班里当的"官"大，比谁受教师喜欢，等等。孩子攀比心理的产生主要与当今奢靡的社会文化、班级内的炫耀风气和自身的虚荣心理有关。根据人本主义心理学家马斯洛的需要层次理论，尊重的需要是较高层次的需要，人们的很多努力都是在试图建立自尊和他尊体系，以实现自我价值。但如果在建立过程中缺乏正确客观的自我分析，过分夸大自尊，就会追求虚荣心的满足，造成盲目攀比，导致学习没有心思，精力无谓浪费，甚至有可能造成今后人性的扭曲，人生的失败。

小金爸爸，由于初一学生正处于成长发育阶段，在判断、分析、自我调节等方面都不成熟，盲目攀比往往会演变为模仿和追随，甚至盲从，必然会破坏孩子心理的平衡，有必要及时加以矫正。矫正时，首先，应给予正确家教。作为父母，应树立正确的家庭教育观念，公开家庭经济收入，形成和孩子一起制订家庭消费计划的习惯，引导孩子思考每次消费的目的和效果，防止盲目消费，从小培养孩子正确的价值观。其次，克服负性攀比。平时家长应引导孩子多注重学习上的竞争，淡化消费上的攀比，多进行纵向比较，少进行横向比较，多看到自己与众不同的优点和特长，以进步的心态鼓励自己，树立不断进取的决心。再次，选择暂时回避。家长要教育孩子，可以通过临时回避的方式帮助自己暂时从攀比的环境中逃离，减少因情绪激动造成的非理性行为，给情绪足够的缓冲时间，避免因攀比导致盲目消费。最后，诵读心理格言。古今中外，有许多批评虚荣心理的格言，比如"知足常乐"，"快乐不是因为拥有的多，而是因为计较的少"，"只要心中有景，何处不是花香满园"，等等。这些名言名句，对纠正孩子的炫耀攀比心理很有帮助。建议家长和孩子约定，每天早上一起诵读这些心理格言，不断提醒自己，预防和矫治攀比心理。天长日久，这些心理格言就会变成孩子的自动信念。

小金爸爸，我相信，随着孩子家庭责任心的增强和正确消费观念的建立，孩子的炫耀攀比心理一定会得到改变。

最后，祝您全家身体健康，快乐幸福，事事如意！

此致

敬礼

殷老师

2014年5月15日

10

勇敢大方做自己
——孩子胆怯怎么办

小康爸爸：

您好！

来信已收悉。您在信中谈到您祖籍四川，3年前带儿子小康来江苏打工，现在小康正在上初三年级。儿子从小就形成了温顺、内向、胆小的性格，来到异地以后，遇事更加胆怯，上课不敢举手发言，黑夜不敢独自睡觉，体育课和课外活动更是不肯参加，课外见到老师总是竭力躲避。眼看着孩子一点都没有男子汉的气概，您心中感到非常忧虑，但又不知道该如何对他进行教育。

小康爸爸，小康出现的问题是胆怯心理的具体表现。孩子胆怯心理的形成既可能与先天气质类型有关，偏抑郁质的孩子天生就比较胆小，不爱说话，容易产生胆怯心理；也可能与孩子小时候经历过的某些挫折有关，这些挫折在孩子的潜意识中形成阴影，导致孩子交往欲受到抑制，自主发展受阻，造成后来的胆小谨慎；还可能与家庭教育的方式有关，家庭教育中过分强调谦虚、过分突出缺点、过分要求服从，都可能使孩子形成胆怯心理。

小康爸爸，从信中可知，胆怯心理已严重妨碍了孩子的学习和生活，给孩子带来了沉重的心理负担，影响了孩子良好个性的形成，有必要及时加以纠正。具体纠正的方法有：

1. 形象转变

要改变孩子的胆怯心理，从孩子日常生活中的穿着打扮、言谈举止改起，平时要穿整洁大方的服饰，养成大声讲话的习惯，走路昂首阔步，比平时加快10%的速度，等等，以此来增强孩子的自信。

2. 语言激励

语言是思想的暗示，是思维的有效刺激物，积极的语言能使人产生积极的情绪。因此，家长要经常提醒孩子用"我能行""我能成功"之类的积极语言为自己打气，激励自己。

3. 扬长避短

"尺有所短，寸有所长。"每一个人都有自己的长处，同时也有自己的短处。如果一个人用己之短，而舍己之长，就连天才也会丧失信心，自暴自弃；相反，一个人若能扬长避短，强化自己的长处，就是有残疾的人也能充满信心，享受成功的欢乐。因此，家长要千方百计挖掘孩子的闪光点，表扬孩子取得的点滴成功，哪怕只是一小点，也要想方设法地挖掘出来。

4. 积累成功

成功是自信的保证，自信是建立在成功之上的。科学研究表明，每一次成功，人的大脑便有一种刻画的痕迹。当人重新唤起往日成功的动作模式时，又可以重新获得那种成功的感觉。家长要和孩子一起准备好成功记载本，记载孩子每一次的成功与进步，积少成多，每隔一段时间翻阅一下，重温成功的喜悦，激励孩子去克服困难，战胜困难。

5. 洗刷阴影

失败的阴影是产生胆怯心理的温床。及时洗刷失败的阴影是克服胆怯心理的重要方法。洗刷失败阴影的方法很多，常见的有两种：一是将失败当作学习的机遇，认真分析失败的原因，从失败中学习和吸取教训；二是彻底遗忘，有意将那些不愉快的、痛苦的事情彻底地忘记，或是用成功的经历去洗刷失败的阴影。

6. 分散注意力

当孩子出现胆怯反应时，家长要及时转移他的注意力，使其情绪放松，达到消除胆怯的目的。

小康爸爸，每个人都不同程度地存在胆怯心理。孩子的胆怯心理不是一天两天形成的，改变也不是一下子就能够见效的，它需要一段较长的时间。我相信，随着你们的努力，小康的胆怯心理一定会改变的。

最后，祝您全家身体健康，快乐幸福，事事如意！

此致

敬礼

殷老师
2014年6月3日

志与秋霜一般洁
——孩子嫉妒怎么办

小怡妈妈：

　　您好！

　　来信已收悉。信中您谈到您正在上初一年级的女儿小怡。自从大前年您生了二胎以后，小怡的心理就发生了很大的变化。看到你们把大部分精力放在照顾妹妹身上，小怡就对妹妹非常反感，不仅不肯带妹妹，有时还动手打妹妹，看到妹妹有漂亮的图片和玩具，就故意撕毁或损坏，扔在家里的垃圾桶里。您曾经找小怡谈过，也骂过她，但收效甚微。面对孩子出现的这种现象，您不知道该如何对她进行教育。

　　小怡妈妈，小怡出现的问题实际上是嫉妒心理的表现。嫉妒心理的产生与虚荣心强、心胸狭隘和不确当比较等因素有关，是为了缓解失落带来的心理上的不平衡，是一种缺少安全感的表现，具有对抗性、指向性、发泄性和伪装性等特点。意大利诗人但丁曾将嫉妒、骄傲和贪婪合称为"三大灾星"。

　　小怡妈妈，小怡不能容忍妹妹的快乐，破坏妹妹的幸福，生发出抱怨、憎恨、愤怒等复杂情感，自己也享受不到阳光的美好，体会不了人生的乐趣，可谓害人又害己，应该及时加以纠正。纠正时，首先，应创造家庭平等的氛围。每个孩子都想获得父母最多的爱，作为家长，必须平等地对待每一个孩子，让每个孩子都能感到自身在家庭中的价值，减轻来自兄弟姐妹的压力。其次，指导孩子树立远大抱负。平时要多教育孩子树立远大理想，不断与自私自利、狭隘保守的意识作斗争，不要自寻烦恼，更不要无端地去嫉妒别人，将消极的嫉妒心理转化为积极的进步动力。再次，鼓励孩子扬长避短。作为家长，应经常与孩子沟通，一起分析孩子身上的长处和缺点，取长补短，发扬优点，走出自我的小圈子，从照顾兄弟姐妹中发现自我价值，消除嫉妒心理。最后，教育孩子自我暗示。当嫉妒心理产生时，家长可指导孩子这样暗示："有妹妹真好，今后我就多了伴。"通过示弱转化法、人际沟通法、正确认识法、想开些法、精神发泄法和自我调节法等来调节自己，矫正嫉妒心理。

小怡妈妈，正确认识嫉妒，自觉避免嫉妒行为，是人生收获快乐的源泉。我相信，随着你们的努力，孩子的嫉妒心理一定会得到纠正的。

最后，祝您全家身体健康，快乐幸福，事事如意！

此致

敬礼

殷老师
2014年6月13日

少年自负难凌云

——孩子自负怎么办

小菁妈妈：

您好！

来信已收悉。信中您谈到您正在上初三年级的女儿小菁，从小人就长得非常漂亮，有一双会说话的大眼睛，能歌善舞，素质发展比较全面。在班级里，小菁是班主任老师的左膀右臂；回到家里，爸爸妈妈更是把她视为掌上明珠，样样护着她，依着她。天长日久，小菁渐渐地自命不凡起来，瞧不起班级内其他同学，和家长顶撞，做错事也不道歉，和同学之间的矛盾越来越大，同学们都不爱和她交往。面对女儿出现的这种现象，您不知道该如何进行教育。

小菁妈妈，小菁的行为是典型的自负心理的表现，它与孩子自身优越的条件、自我认识的模糊、家庭教育错误等因素有关。自负是自信的极端形式，自信在一定程度上是积极的，但当自信达到权威时，就会产生自负。

小菁妈妈，由于自负心理作怪，孩子过分以自我为中心，和同学产生矛盾，导致人际关系不和谐。如果长期这样，孩子还可能形成表演型人格障碍，喜欢表现自我，极端追求并享受他人对自我的关注。

因此，有必要及时加以纠正。纠正时，首先，应教育孩子学会正确评价。不能全面准确地评价自我，几乎是每一个自负孩子都存在的弱点。对于自负的孩子，家长要多指出不足，少表扬成绩，引导孩子正确认识自己，看到真实的"自我"，使孩子认识到自己优越的只是某一方面，而非全部，山外有山，楼外有楼，自己还有许多不如别人的地方。其次，对孩子提出更高目标。家长应有意识地交给孩子有一定难度、具有一定挑战性的任务，让孩子感到自己能力不足，需经过他人的帮助才能完成任务。再次，有意安排挫折训练。挫折可以磨砺人的意志，唤醒人的潜能，青少年只有在经受各种挫折的考验中才能逐步成长。自负的孩子很少或从没经历过挫折的打击，不知失败为何滋味，对挫折基本没有免疫力，就如温室的花朵，一旦遇到风霜雨雪就很容易被击垮。作为家长，可以在日常生活中让孩子多做一点事情，如整理卧室、做家务等，让孩子吃点苦；在学习中允许孩子成绩下降，教育孩子要学会从跌倒中爬起来，然后继续前进。最后，引导孩子正确归因。归因，是指个体根据相关信息、线索，对自己和他人的行为原因进行推测和判断的过程。自负的孩子一般把成功倾向为内归因，比如，有人说孩子漂亮，孩子常归因为自己会打扮；把成绩好归因为自己聪明等。这种归因会使孩子越来越自恋。所以，家长应多引导孩子外归因，比如，漂亮，归因为父母亲买的衣服搭配好；成绩好，归因为老师教得好等。这样归因，孩子就不容易产生自负心理了。

　　小菁妈妈，自负心理的辅导需要有的放矢，也需要涓涓细流，更需要潜移默化。只有这样，孩子才能慢慢告别自负心理。我相信，随着你们的努力，小菁的自负心理一定会改变的。

　　最后，祝您全家身体健康，快乐幸福，事事如意！

　　此致

敬礼

殷老师
2015年9月27日

13

天生我材必有用
——孩子具有逃避心理怎么办

小俊爸爸:

您好!

来信已收悉。您在信中谈到您正在上初三年级的儿子小俊,初二时就读于农村中学,自从今年暑假您帮他调到城里学校后,小俊就感觉到明显的不适应,经常愁眉苦脸。期中考试第一天,小俊就觉得胃不舒服,有恶心、头晕的感觉。他向老师说自己身体不适,无法进行考试,老师同意他离开考场。接下来的考试小俊都没有参加。从此以后,小俊就经常找借口不完成作业,不参加考试,找理由回避体育活动,也经常不打扫班级卫生,有时甚至还逃课。面对孩子的这种情况,您不知道该如何进行教育。

小俊爸爸,小俊的行为实际上是逃避心理的表现。逃避心理就是回避心理,是人们为了避免精神上的痛苦、紧张焦虑、尴尬、罪恶感等,有意无意使用的各种心理上的调整,这是一种消极的自我防卫,以逃避和消极的方法减轻自己在挫折或冲突时遭受的痛苦，这好像鸵鸟危险时把头埋在沙堆里一样。

小俊爸爸，逃避心理不利于孩子正确面对现实、客观进行自我分析、清晰地认识到自己的心理症结，容易使孩子产生许多是非成败、患得患失的想法，带来沉重的心理压力。因此，有必要及时加以矫正。具体的矫正方法有：

1. 建立激励机制

为帮助孩子树立学习的自信，家长要建立激励机制。只要孩子一有进步，哪怕是一个很小的闪光点，就要多表扬他、鼓励他，激发孩子学习的积极性。

2. 正确面对挫折

通过谈话，让孩子明白动机与目标、能力与期望永远存在差距，只要正确面对，困难和挫折是可以战胜和克服的，不能一味寻找精神上的逃避。

3. 强化成就意识

成就意识是指对个体认为重要或有价值的工作，不仅愿意去做，而且能达到完善地步的一种内在的推动力量。培养成就意识的核心是唤起孩子在学习中的成功体验，通过想象以往成功的情景，不断发现新的"自我"，在心理上感受成功的愉悦。

4. 发挥父亲功能

父亲在孩子的心目中是勇敢、顽强、宽容和坚韧的象征，孩子往往把父亲作为今后成家立业的榜样。作为父亲，平时要多与孩子相处，多与孩子活动，多与孩子交流，让孩子从爸爸身上学到承担责任的勇气和魄力。

5. 做好生涯规划

　　家长应帮助孩子制订好生涯规划，逐步建立规范的生活，合理规划自己的人生，注重自身的心理成长，提高自我意识水平，减轻孩子内心的矛盾和冲突。

　　小俊爸爸，小俊的逃避心理不是一两天或者一两次谈话就能彻底扭转的，这需要有一个日积月累、持之以恒的过程。我相信，只要有耐心和恒心，孩子的逃避心理一定会得到矫正的。

　　最后，祝您全家身体健康，快乐幸福，事事如意！

　　此致
敬礼

殷老师
2014年9月29日

敞开心灵的窗扉

——孩子心理闭锁怎么办

小凯爸爸:

您好!

来信已收悉。信中您谈到您去年夫妻离异了,儿子小凯跟着您。小凯今年上初二年级。自从您夫妻离异之后,小凯渐渐地变得冷漠,脸上很少出现笑容,性格十分内向,沉默寡言,经常郁郁寡欢,不爱和伙伴们玩耍,回到家就把自己反锁在家里,一个人坐在书桌前发呆,作业也不做,什么地方也不去,连姑妈家也不去。看到孩子这种情况,您心里非常焦虑,但又不知道该如何对他进行教育。

小凯爸爸,小凯的行为是闭锁心理的表现。闭锁心理是一种环境不适的病态心理现象,指个体将自己与外界隔绝开来,很少或根本没有社交活动。闭锁心理的形成可能与家庭母爱的缺失、个人的先天气质有关,也有可能与成长中的烦恼有关,进入青春期的孩子一般生理成熟在先,心理成熟滞后,他们没有足够的知识经验来为生理成熟产生的种种困惑解难释疑,无法合理地为自己减轻心理的负担，于是便表现出沉默、静思、独处、烦躁等，并往往因闭锁而自卑，甚至自暴自弃。

小凯爸爸，要解决小凯的心理问题，就要从关心爱护孩子的角度出发，引导孩子立足现实，逐步审视自我、调适自我。首先，教育孩子要适应家庭变化。父母离异是父母之间的事情，与孩子无关，不能指责无辜的孩子，也不要数落对方的不是，以免孩子产生由于自己的错误而导致父母离婚的想法。同时告诉孩子，虽然父母离异了，但父母对您的爱不会减少，并且有意识地联系孩子妈妈，让她多来看看孩子，一起来做好孩子的心理工作。其次，突破功能固着。认真地和孩子谈次话，通过谈话引导孩子突破原先的定势做法，努力塑造一个全新的自我，向自己原先的"规则"挑战，从自己的穿着打扮、言谈举止、走路姿势等方面树立自己的新形象，走出闭锁心理。再次，牵线朋辈交流。有闭锁心理的孩子，其社交范围有限，得不到别人的关注。作为家长，应有意识地为孩子牵线伙伴，开展朋辈交流，帮助孩子解决学习生活中遇到的各种难题，安排他们在一起活动，一起休闲，一起探讨。复次，体验成功快感。研究表明，有闭锁心理的孩子希望得到别人肯定的愿望愈加强烈。但现实生活的情境是，由于孩子内心的封闭，家长很难捕捉到他们的闪光之处。因此，家长要仔细观察孩子的一举一动，捕捉足以让孩子震撼的兴奋点，对孩子取得的点滴成绩给予放大处理，让其与家长心心相印。最后，组织实践活动。有意识地带领孩子参加社会实践活动，如学工活动、学农活动、参观活动、旅游活动等，让孩子在实践活动中学会安排，学会交流，学会协调，以此打开原有的闭锁心理。

　　小凯爸爸，小凯的问题是较长时间累积下来的，并不是一两次谈话就能见效，可能经过一两次谈话后，问题暂时解决了，但由于问题本身的复杂性，不可能轻易地彻底解决，需要长久的关爱。只有爱才能点燃孩子心灵的希望之火，打开心灵的智慧之门，驱散心灵的阴霾，融化每一块寒冰。我相信，经过你们的努力，小凯的心门一定会打开的。

　　最后，祝您全家身体健康，快乐幸福，事事如意！

　　此致

敬礼

殷老师

2014年10月19日

15

积极主动赢未来

——孩子盲从怎么办

小超爸爸：

您好！

来信已收悉。信中您谈到您正在上初三的儿子小超，从小就喜欢崇拜明星，热衷于收集偶像的各种信息，并刻意模仿，从穿着打扮到言谈举止，不管得体与否，一概"东施效颦"。进入初三后，听说中考时特长生可以加分，小超就不顾自己的艺术基础，盲目从文艺、体育方面寻求出路，找突破口，今天学唱歌，明天学书法，后天又学绘画，搞得忙忙碌碌，结果特长没学好，学习成绩又明显下降。看到小超这种情况，您感到非常着急，但又不知道该如何对小超进行教育。

小超爸爸，小超的行为是典型的盲从心理的表现。盲从心理产生的原因是多方面的：一是认识水平低，对是非的辨别和判断能力较弱，容易被人牵着鼻子走；二是做事缺乏主见，遇事不知如何处理，只好人云亦云，做出错误的举动；三是意志不坚定，过分看重别人对自己的看法和评价，为了满足他人的感受而放弃自己的主张。

小超爸爸，盲从心理容易让孩子产生幻想和不切实际的目标，忽略个人的内在修养，缺乏判断力和理性思考，依附于他人。因此，有必要及时加以辅导。具体辅导方法有：

1. 唤起孩子自信

科学研究表明，世界上最伟大的天才，也只不过使用了大脑潜能的十分之一。可见，人人都可以有很优秀的表现。家长要千方百计创造条件，捕捉孩子身上的闪光点，帮助孩子收获自信，不盲目依赖他人。

2. 学会独立思考

家长要教育孩子凡事多想几个"为什么"，不要让自己的脑子成了别人的跑马场。对经过自己独立思考的比较成熟的见解，要敢于坚持，对错误思想和言行的诱惑及压力要自觉抵制，正确处理遇到的各种事情。

3. 提高认识水平

认识水平的提高取决于学习和实践。丰富的理论知识，可以提高孩子明辨是非的能力，使孩子能在外界错误的干扰下，始终保持清醒的头脑。丰富的实践活动，可以反思自己盲从的害处，提高判断能力和决策水平。

4. 避免晕轮效应

个体接触新的社会环境时，总是按照以往经验，将情景中的人或事进行归类，明确它对自己的意义，使自己的行为获得明确定向，这一过程叫印象形成。在形成第一印象时，个体对他人的评价极大地影响对他人的总体印象，这时候容易产生晕轮效应。比如，对他人外表有良好印象，往往对他人品质也持肯定评价。因此，家长要教育孩子辩证地看待问题，从正反两方面看待问题，避免晕轮效应的出现。

　　小超爸爸，盲从心理是孩子心理发育过程中一种不成熟的表现，是成长过程中的某种冲动，只有正视它，转化它，才能开辟孩子成功的未来。我相信，经过你们的努力，小超的盲从心理一定会得到改变的。

　　最后，祝您全家身体健康，快乐幸福，事事如意！

　　此致

敬礼

殷老师

2015年11月21日

唯宁静方能致远

——孩子浮躁怎么办

小飞爸爸:

您好!

来信已收悉。您在信中谈到您夫妻两人在城里打工,儿子小飞留在乡下老家,一直由爷爷奶奶照看。眼看小飞要升初中,为了帮他创造更好的学习条件,今年暑假你们决定把小飞带到身边,让小飞就读城里的一所名校。转眼新学期到了,小飞来到了新的学校读书,可是到了新学校后,小飞学习很不认真,家庭作业字迹潦草,应付了事;双休日看书总是静不下心来,一会儿翻翻语文书,一会儿看看数学书,一会儿望望英语书,也不知道他看了点什么。眼看小飞的成绩不断下降,您不知道该如何对他进行教育。

小飞爸爸,小飞的行为是浮躁心理的典型表现。浮躁心理是当前青少年的通病之一,经常表现为"想不到""坐不住""听不进""忙不停""写不完""长不了"。它与社会的快餐文化、早期的家庭教育、环境变化的压力和心理审美疲劳等因素有关。美国心理学家费斯廷格的认知失调理论认为,当几个认知元素不和谐时,就会产生浮躁心理。

小飞爸爸,由于浮躁心理,孩子的学习无法深入,缺乏恒心和毅力,仅局限于表面,急于求成,有必要及时加以矫正。

矫正时，首先，应教育孩子树立远大志向。俄国伟大作家托尔斯泰说过："理想是指路的明灯。没有理想，就没有坚定的方向；没有方向，就没有生活。"家长要教育孩子树立远大的理想，明确生活的目的，不急功近利，防止浮躁情绪的滋生和蔓延。其次，培养孩子良好的习惯。在平时生活中，家长要对孩子学习和做事提出明确要求。一是要求孩子做事前要先思考，后行动，多问自己几个"为什么"："为什么做这个？希望有什么结果？最好怎样做？"并将答案写在纸上，保证做事目的和手段的具体化。做事时，告诉孩子可以用一些话语进行自我暗示，"不要急，急躁会把事情办坏"，"这山看着那山高，会一事无成"，"坚持就是胜利"，等等。二是要求孩子做事情要有始有终，不焦躁，不虚浮，踏踏实实做好每一件事情。一次做不成的事情就一点一点分开做，积少成多，积沙成塔。再次，有针对性地磨炼。例如，家长可以安排书法、解乱绳结、安静坐满一小时等锻炼活动，培养孩子的耐心和韧性。最后，发挥榜样的导向作用。家长和孩子一起阅读革命前辈、科学家、发明家、劳动模范或文艺作品中优秀人物故事，或一起观看《阿甘正传》《钢铁是怎样炼成的》等心理电影，让孩子从人物身上受到启发，学会沉稳、踏实、坚韧。

　　小飞爸爸，世上无难事，只怕有心人。我相信只要持之以恒，一定能够矫正孩子的浮躁心理。在以后的道路上，孩子一定会走得更稳健，更坚定。

　　最后，祝您全家身体健康，快乐幸福，事事如意！

　　此致

敬礼

殷老师
2014年12月11日

敷奏柔和不伤物
——孩子暴躁怎么办

小栋妈妈：

您好！

来信已收悉。信中您谈到您正在上初二年级的儿子小栋，从小脾气就不好，您从前也没在意过，但是最近发现小栋脾气越来越暴躁，控制不了情绪，经常与父母吵架。吵架时，小栋脸涨得通红，眉头深锁，双拳紧握，眼里含着泪珠，情急之下还要摔东西。面对这样的孩子，您不知道该如何对他进行教育。

小栋妈妈，小栋的行为是典型的暴躁情绪的表现。暴躁是一种极端化的情绪，遇事好发急，不能控制情绪。它与个人先天遗传和后天修养、心理表面强大而实质脆弱、家庭教育缺乏一贯性和一致性等因素有关。暴躁情绪具有情景性，一般是在亲人和朋友面前才暴露。

小栋妈妈，小栋的暴躁情绪不仅给他人带来伤害，而且不利于自己的心理健康，必须及时加以矫正。具体的矫正方法有：

1. 以身作则

孩子的暴躁情绪不是天生的，而是在后天的环境中形成的。因此，父母要以身作则，不无缘无故对孩子发脾气，把自己善忍让、脾气好的形象树立起来，供孩子学习。

2. 案例警醒

日常生活中有些人因为一些不足挂齿的小事而发怒，做出不该做的事，引起恶性斗殴，甚至导致人命案子的发生，最后锒铛入狱，事后常常后悔不已。通过这些案例，让孩子接受教训，控制好情绪，增强理性思维。

3. 遇事冷静

告诉孩子可以在床边贴上"息怒""制怒"一类的警言，多听节奏缓慢、旋律轻柔、优美轻松的音乐，时刻提醒自己在说话之前先把舌头在嘴里转上几圈，通过时间缓冲，帮助自己的头脑冷静下来。在快要发脾气时，嘴里默念"镇静，镇静，三思，三思"之类的话，锻炼自己克制情绪的能力。

4. 转移注意

告诉孩子，情绪不稳时，可暂时离开现场，去找人谈谈或外出散散步、打打球。待气头过后，再回到情境现场，此时发脾气的外界条件已经不存在了，即使还存在，理智已占上风，也可以进行有效克制。

5. 运用技术

提醒孩子暴躁情绪来临时，在嘴里含或口服几片人丹，或在太阳穴上擦一些清凉油、风油精等，或饮用带酸性的饮料，或用自己的右手拇指按摩左前臂内关穴，直至感觉舒服为止，使自己平静下来。

　　小栋妈妈，冲动是魔鬼。我相信，只要因势利导，耐心细致，润物无声，小栋的暴躁情绪一定可以克服的。

　　最后，祝您全家身体健康，快乐幸福，事事如意！

　　此致

敬礼

殷老师

2015年3月7日

18

柳暗花明又一村

——孩子具有强迫心理怎么办

小珊妈妈：

您好！

来信已收悉。信中您谈到您正在上初一年级的女儿小珊，从小就聪明可爱，学习上自我要求严格，每次做完作业后，总要逐字逐题检查三次以上。升入初一以后，小珊变得更加谨慎，看题目时，总是一笔一画一字一句地看，以防止自己看错或看漏题目；解完题后，验算一遍又一遍，有时甚至为一道题反复检查将近30分钟，否则就放心不下，导致经常无法按时完成家庭作业。为此，小珊心里也非常焦急，嘴上还长出了泡。面对孩子的这种情况，您不知道该如何对她进行辅导。

小珊妈妈，小珊的行为可能是强迫症的表现。小珊在生活中要求严格，近乎完美，对自我过分克制，处事过于谨小慎微，过分在意自己的行为是否正确，举止是否适当，表现得僵硬死板，缺乏灵活性，遇事优柔寡断，难以做出决定。这种情况与孩子个性胆小、家长要求严格和精神交互作用等因素有关。所谓精神交互作用，是指如果自己对某种感觉特别注意，该感觉就会变得十分敏感；这种敏感又会反过来强化注意力，强化后的注意力又会使感觉变得更加敏感，久而久之，便形成一种固定的行为模式。这种固定的行为模式导致孩子情绪焦虑、紧张、悔恨，想要改变却又改变不了，非常痛苦。

小珊妈妈，孩子现在内心非常焦虑，痛苦不堪，急于寻求改变。因此，辅导时一定要和风细雨，润物无声。首先，要教育孩子保持豁达心态，凡事不要苛求，只要自己努力了就行；要多交朋友，打破自我内心的封闭状态；多参加一些社交活动，开朗大方地与人交往。其次，培养孩子的变通能力。要求孩子开阔自己的思维，不要只在一个圈子里想问题，不要只用一种方法来解决问题，多参加集体活动，多读情趣高雅的书籍，多听高雅音乐，放松身心。再次，教育孩子学会自我心理预防。自我心理预防的方法主要有听其自然法和当头棒喝法。听其自然法就是该怎么办就怎么办，做了以后就不再去想它，也不对做过的事进行评价。当头棒喝法是指寻找生活中的新颖事件，让这些新颖事件带来新的观念和新的方法，以起到当头棒喝的作用。最后，运用森田疗法。森田疗法的基本治疗原则就是顺其自然。顺其自然就是接受和服从事物运行的客观法则，通过阅读自助读物、坚持写日记、定期接受心理医生的辅导等，打破精神的交互作用。

小珊妈妈，合理的期望能够激发孩子的学习兴趣，强化学习动机，激励孩子去获取成功。但是，如果对孩子的期望过高，超过了孩子的实际学习能力和心理承受力，就会适得其反，给孩子的心理健康带来危害。我相信，只要你们期望合理，方法合适，经过一段时间的努力，小珊的症状一定会慢慢消失的。

最后，祝您全家身体健康，快乐幸福，事事如意！

此致

敬礼

殷老师

2015年3月13日

包办代替害孩子
——孩子具有依赖心理怎么办

小虹妈妈:

　　您好!

　　来信已收悉。在信中,您谈到您夫妻俩经营着一家企业,平时忙于工作和应酬,对女儿小虹关心很少。小虹从小与爷爷奶奶一起生活,爷爷奶奶疼爱孙女,对她关怀备至,几乎所有的事情都包办代替。吃饭时,奶奶会及时地把饭碗端到她的手边;衣服脏了,奶奶帮着洗;笔记本用没了,也是爷爷亲自去买。在家里,小虹习惯了饭来张口、衣来伸手的生活。这种生活习惯也影响了学习,老师反映,小虹上课不独立思考,课后不独立完成作业,学习成绩落后于其他同学。面对小虹的这种情况,您不知道该如何对她进行教育。

　　小虹妈妈,小虹的行为实际上是依赖心理的表现,它与长辈的过度照顾和孩子的过度软弱等因素有关。依赖心理导致孩子缺少独立性和选择性,将自己置于依附的地位,企求他人的帮助,希望师长为自己做出决定,丧失了自我。

　　小虹妈妈,依赖心理严重影响孩子的健康成长,长此以往,孩子很难形成独立的人格,今后难以立足于社会。因此,有必要及时加以矫正。矫正时,家长首先要以身作则。家庭是孩子的第一课堂，家长是孩子的第一任教师，家长的一言一行对孩子的成长有着潜移默化的影响。家长要教会孩子按照重要且紧急、紧急不重要、重要不紧急、不紧急也不重要四个方面，划分好每天要做的事情，制订好每天的作息表，培养孩子的时间观念，养成良好的习惯。其次，提高孩子的自我管理能力。孩子不在家长身边，家长可以安排孩子独立生活一段时间，锻炼孩子的胆量和能力。再次，合理运用诡控制法。诡控制法是指在别人要求的行为之下增加自我创造的色彩。例如，每到家庭成员生日，要有意识让孩子和家人一起操办，随着这种操办越来越多，孩子就会想到每到生日应该单独给长辈送鲜花、蛋糕或贺卡等，这样孩子的自主意识就得到了强化。最后，循序渐进磨炼意志。现在的孩子多为独生子女，耐挫能力差，克服困难的意志薄弱，在学习中稍遇困难就放弃。因此，家长要循序渐进地磨炼孩子的意志。一方面，告诉孩子人生之路绝非一马平川，唯有明确人生目标，养成坚韧不拔的意志，才能战胜困难，终生受用。另一方面，教育孩子一旦遇到困难和挫折，可以通过补偿、暗示、幽默等方法从挫折感中解脱出来。

　　小虹妈妈，包办代替是在害孩子，而不是爱孩子。没有锻炼的机会，孩子怎么会获得独立自主的能力？我相信，只要让孩子学会自己的事情自己做，在生活中锻炼自己，发展自己，孩子的依赖心理一定会得到改变的。

　　最后，祝您全家身体健康，快乐幸福，事事如意！

　　此致

敬礼

殷老师
2015年3月17日

赠人玫瑰有余香

——孩子冷漠怎么办

小霞爸爸：

　　您好！

　　来信已收悉。您在信中谈到您夫妻俩都是知识分子，女儿小霞上初二年级。从小你们就对小霞寄予了很高的期望，要求特别严，小霞的生活都由妈妈替她安排好，甚至每天穿哪件衣服都要听妈妈的，一有什么不好，妈妈就会痛骂。小霞对妈妈的这种方式怨气很大，总认为父母把她看作分数的机器，认为人世间都是冷冰冰的，看不到生活中的关爱。去年弟弟摔断腿后，小霞没有背过他；前一阵她妈妈生病时，她都没有去问候一声。为此，她妈妈感到非常难过。面对女儿出现的这种情况，您不知道该如何对她进行教育。

　　小霞爸爸，小霞的行为是冷漠心理的表现，冷漠是人与人之间因为感情冷淡、温情匮乏而引起的一种低社会行为。冷漠行为既是孩子对外界的一种被动攻击，也是对自身的一种保护，会导致孩子戴着灰色眼镜看待人生，失去应有的热情和同

情心。

小霞爸爸，冷漠心理对孩子的心理健康十分有害，孩子会因此看不到真正的生活和真正的人生，看不到本来的希望和曙光，看不到挚友和知音，内心深处充满孤寂、凄凉和空虚。因此，有必要及时加以矫正。具体的矫正方法有：

1. 沟通交流

家长要主动抽时间陪孩子坐下来，心平气和地和孩子聊天，倾听孩子内心的真实想法，商讨增进亲子关系的方法。通过沟通交流，缓解孩子对父母的戒备心理。

2. 正向刺激

所谓正向刺激，是指运用鼓励、表扬、赞美和奖励等方式激励孩子。"人之初，性本善。"其实，每个孩子的心底都是很善良的，并不冷漠。因此，家长要常用放大镜去发现孩子身上的闪光点，放大孩子的优点，通过激励找到解决问题的突破口。

3. 阅读疗法

阅读疗法可以帮助孩子形成正确的自我概念，释放心理压力，培养正确的自我评价，提高对行为和动机的理解。家长可以推荐孩子阅读一些名篇，如《背影》《一件小事》等，让孩子通过阅读，引起共鸣、净化、平衡、暗示或领悟等心理活动，改变对自然、他人和环境的看法，逐步克服冷漠心理。

4. 感恩活动

逢年过节，亲子一起开展感恩活动。例如，给爸爸唱首歌，给妈妈捶次背，给弟弟洗次脚，给父母做张新年贺卡等，然后一起分享心理感受，融化孩子的冷漠心理。

　　小霞爸爸，正确把握孩子冷漠心理的形成原因，引导孩子形成积极向上的情绪，不仅有益于孩子自我意识的成熟，而且有助于学习效率的提高。我相信，经过你们的努力，小霞的冷漠心理一定会得到改变的。

　　最后，祝您全家身体健康，平安幸福，事事如意！

　　此致

敬礼

殷老师

2015年4月24日

开学最难在适应

——孩子开学适应不良怎么办

小辉爸爸:

　　您好!

　　来信已收悉。您在信中谈到您正在上初一年级的儿子小辉。开学已经一个星期了,据老师反映,小辉上课时老打瞌睡、走神,注意力不集中,记忆力和理解力下降。而且小辉每天回家吃饭时食欲很差,还经常喊肚子疼,晚上睡眠也很不好,还经常无缘无故地发火。面对小辉开学时出现的这些现象,您不知道该如何进行辅导。

　　小辉爸爸,小辉在开学时出现的这些现象在心理学上称为开学综合征。开学综合征的出现与家庭教育指导不到位、学生依赖心理强和生活习惯反差大等因素有关。心理专家认为,这些表现都是人潜意识的心理防御机制将一些不愿面对的的负性情绪转换成一些躯体症状而造成的,是孩子希望能暂时逃避问题的消极心理防卫机制。这种防卫机制在开学初会持续一段时间。

小辉爸爸，开学综合征不仅会导致孩子不适应学校生活，造成上课听讲分心，学习效率降低，而且会影响孩子心理的健康发展。因此，有必要认真加以辅导。具体的辅导措施有：

1. 做好假期生活的监护

家长在假期之始就应该协助孩子制订合理的假期计划，使学习、培训、娱乐、旅游等有计划地进行，在实施中还要注意加强引导和监督，使孩子在假期中的学习玩乐有节有度，避免孩子一放假就"放鸽子"，学习和生活失去规律，产生心理和生理上的不适。

2. 及时发现开学的问题

开学后，家长要及时与老师取得联系，随时了解孩子的心理状态。对于已经出现不良症状的孩子，家长要保持镇静，认真分析原因，及时疏导，减轻孩子内心的压力。

3. 给予积极的心理暗示

面对开学综合征，最重要的是给孩子以积极的心理暗示。孩子如果意识到并接受假期已经结束的现实，想到可以与同学一同分享假期中的有趣事情，觉得自己已经长大了一些，又能学到更多更好的东西，认为自己将有更成功的一年，等等，有助于孩子树立学习信心，放松心情，以接受的心态去迎接新的学期。

4. 做好学习的各种准备

首先，做好时间上的准备。家长应和孩子一起在开学前几天制订一个和学校生活接近的作息时间表，督促孩子按时起床、饮食，保证孩子开学后有旺盛的精力投入到新学期的学习中。其次，做好环境上的准备。开学前，可以与孩子一起回学校逛逛，参观一下孩子学习和生活的主要地方。再次，做好内容上的准备。跟孩子多谈谈学校生活，可以有意识地从日常娱乐、游玩等话题转向有关学习的话题，如假期作业、同学关系等。最后，做好用品上的准备。督促孩子准备好学习用品，在开学前不宜继续购买玩具作为礼品送给孩子。

小辉爸爸，作为家长，应给予孩子合理的期望，让孩子有更多时间适应变化，鼓励孩子多交朋友，树立学习的信心，以接受的心态拥抱新的学期。我相信，随着你们的努力，小辉的开学综合征一定会得到有效解决的。

最后，祝您全家身体健康，平安幸福，事事如意！

此致

敬礼

殷老师
2015年5月12日

学习辅导编

22

从容淡定上考场

——孩子考试焦虑怎么办

小英妈妈:

您好!

来信已收悉。在信中您谈到您女儿小英从小性格内向,老实听话,没有太要好的朋友,学习成绩一直比较优秀。自从进入初三,上学期几次考试没有发挥好,导致小英心里对考试蒙上了一层阴影。转眼进入新学期,新学期每次模拟考试前一天,小英就开始出现心慌、紧张、出汗、四肢发抖、胸闷等症状,晚上辗转反侧不能入眠,对学习没有信心,甚至提出不去上学的要求。眼看离中考不到两个月了,您不知道该如何对小英进行考前心理辅导。

小英妈妈,考前适度紧张有利于孩子水平发挥,提高考试成绩,但是如果紧张过度,孩子就会产生考试焦虑,发挥失常。考试焦虑是学生常见的一种情绪状态,这与个人先天紧张的神经类型、家庭期望值过高、学习负担太重和考试技能不丰富等因素有关。孩子考试时信心不足,注意力难以集中,心中总惦记着考试成绩，时而想到考不好大家将如何看待自己，时而又对考场上的偶然刺激特别敏感，思维处于混沌僵滞状态，回忆过程受阻，形成考试恐惧，导致厌恶考试、逃避考试。

小英妈妈，孩子中考前出现这种现象确实是令人焦虑和头痛的事情，需要科学地进行辅导。首先，要减轻来自家庭的压力。家长的期望水平直接关系到孩子的考试焦虑水平。家长要理智地看待孩子的学习成绩，淡定地对待分数，想方设法帮助孩子减轻心理负担，这样孩子才能从容地走进考场。其次，教会孩子放松的方法。孩子考试紧张，可以通过无为行为、积极暗示、心理冥想和华达伦效应等，给自己积极的暗示和鼓励；还可以利用一些放松技术，例如丹田呼吸放松技术、深呼吸放松技术和想象放松技术等，做到全身肌肉放松，促进血液循环，平稳呼吸，放松紧张情绪。再次，利用系统脱敏矫治。系统脱敏的步骤如下：待完全放松后，让孩子从焦虑等级表中最低的一个恐惧（焦虑）事件开始，想象引起焦虑的情景。如果在想象中体验到焦虑，就停止想象，进行放松，放松后继续想象这一刺激情景，直到不焦虑为止。然后，再想象焦虑等级表中的下一个情景，进行放松。这样循环训练，直到通过等级表上的全部刺激情景。一般来说，每次脱敏训练需30～50分钟，每周做2～3次，每次完成2～3个焦虑情景即可。最后，进行考后心理辅导。对于孩子出现的考试怯场、大失水准和逢考必差的现象，应加强考后心理辅导，使孩子的不良心境和压抑情绪得到及时有效的疏泄；通过合理归因、情绪宣泄与自我安慰等方法，帮助孩子走出考试困境，以正常心态来对待学习和考试。

　　小英妈妈，孩子成长过程中出现一些心理问题是很正常的，不要想当然地认为考试焦虑就可怕，情绪紧张就危险，用正确的、积极的心态去处理才是最重要的。我相信，只要你们摆正心态，讲究方法，小英的考试焦虑情绪一定会得到有效缓解的。

　　最后，祝您全家身体健康，快乐幸福，事事如意！

　　此致

敬礼

殷老师

2014年5月7日

孩子偏科伤不起
——孩子偏科怎么办

小雨妈妈：

您好！

来信已收悉。在信中，您谈到您正在上初三年级的女儿小雨，各门功课都很优秀，唯有物理跟不上，在物理学科上总是找不到好的学习方法，对物理知识缺乏理解，不敢探究和实验，成绩一直很低迷，很明显出现了偏科现象。眼看孩子明年就要中考，您不知道如何帮助孩子尽快提高物理成绩。

小雨妈妈，青少年偏科现象的高峰期在初中，这与初中学科增多、老师教学方法单一和自身缺少心理准备等因素有关。根据情绪性条件反射原理，学生在学习某门功课时，如果认为自己脑子笨，学不会老师教的东西，就会产生焦虑情绪，导致不想学该门课程，并开始逃避。以后再遇到类似的情景，又会产生高焦虑的情绪，久而久之，就出现一学这门课程就焦虑的行为反应，这样，学生学习这门学科的兴趣和积极性就会减弱，考试成绩就会下降。

小雨妈妈，小雨偏科不仅影响了学习成绩，而且容易引起
心理问题，遇到挫折就轻言放弃，降低自己的斗志。因此，有
必要摸清孩子偏科的原因，有的放矢加以矫正。具体的矫正方
法有：

1. 给予合理期望

皮格马利翁实验是由美国著名心理学家罗森塔尔与雅各布
森于1968年进行的。结果表明：对孩子的期望影响着孩子的学
习成绩。这一结果当时在美国教育界引起轰动。因此，家长对
孩子的物理学习应建立合理的期望和切实可行的目标，不断鼓
励孩子朝着目标前进。

2. 激发学习动机

家长应主动和孩子沟通，帮助孩子重新树立学好物理的
信心。同时教给孩子物理学习的方法，重点不在记物理课堂笔
记，而在于与同学多讨论，多理解，多探究，使孩子的注意力
和记忆力向思维能力转变。

3. 肢解物理学科

一门学科整体上觉得枯燥无味，但不排除有感兴趣的章
节，若能让小雨从这些章节学起，再慢慢培养对整个学科的兴
趣，提高成绩并非空话。

4. 学习方法迁移

家长要指导孩子及时总结其他学科的学习经验，归纳出其
中的学习方法，然后将这些方法应用到物理学习中。相信通过
相互借鉴，取长补短，孩子会对物理学习产生信心，有效克服
偏科现象的。

5. 锻炼学习意志

孩子对物理学习缺乏兴趣，有畏难情绪，遇到困难知难而退。重视基础练习，培养学习意志，养成勤学不懈的品质，增强克服和排除困难的毅力，应是纠正孩子偏科的着力点。

6. 做好自我摸底

在经过一段时间的努力后，孩子仍觉得对物理学习心里没底，不知学得怎样，这时候可以找一份物理试卷，让孩子像真正考试那样做一遍。这就像彩排一样，如果彩排的效果很好，正式演出也不会差。

小雨妈妈，相信经过你们的努力，孩子偏科的问题一定会得到解决的。但我在这里还要提醒你们，在攻克物理科目的时候，也要加强优势科目的学习，防止捡了芝麻丢了西瓜，这样才能在中考中取得理想的成绩。

最后，祝您全家身体健康，快乐幸福，事事如意！

此致

敬礼

殷老师

2014年12月17日

粗心大意要不得

——孩子粗心大意怎么办

小云妈妈:

您好!

来信已收悉。在信中,您谈到您正在上初一年级的儿子小云,做事非常粗心。每次回家做作业,不是发现把笔丢在了学校里,就是忘记把作业本拿回家;做作业时经常把不该写错的字写错,把不该看错的题看错;在数学计算时把符号看混,把"+"看成"-",把数字看混,把"5"看成"3";在语文书写上错别字多,作业本上每页都有"×"。遇到测验考试,成绩总不理想。面对小云粗心的毛病,您不知道该如何进行矫正。

小云妈妈,粗心现象的发生与孩子观察时感知不全面、注意分配能力差、错误心理定势的影响和智力技能的不熟练有关。从心理学的角度说,注意力集中时,大脑中只有一个兴奋中心;注意力不集中时,大脑就有好几个兴奋中心。它们之间相互干扰,导致知识加工的层次浅,影响学习效果。

小云妈妈，粗心的毛病不仅影响孩子的学习成绩，而且还影响孩子心理品质的发展，有必要及时加以矫正。具体的矫正方法有：

1. 分析粗心原因

通过谈话，帮助孩子分析粗心的原因，找出问题所在，然后对症下药，告诉孩子粗心不是缺点，而是错误。

2. 培养严谨习惯

俗话说，"三思而后行"，"学而不思则罔"。学习时多加思考，就会使学到的知识准确、全面、深刻。平时要求孩子在做完作业或答完卷子后，要在心里反复提醒自己，一定要认真检查每一道题，眼睛要仔仔细细地看，精神要全部集中，一定要把作业做对，把卷子答好。这样反复告诫自己，提醒自己，耐心细致的习惯才能养成。

3. 培养自制能力

不论是学习还是比赛，告诉孩子都要沉着冷静，遇事不慌，努力克制自己。不论什么事，不论事大事小，都要认真对待，用心琢磨，才会养成细致的风格。

4. 建立预警机制

告诉孩子详细记录和整理粗心现象，发现一起给自己一个惩罚，比如罚做题或干不喜欢的事，每当自己正确地完成作业，给自己一个奖赏。这样，建立大脑的预警机制，粗心的毛病可以最大限度地得到遏制。

5. 运用破窗效应

所谓破窗效应，就是指有人打破了窗户玻璃，如果窗户得不到及时的维修，其他人可能受到暗示性的纵容去打烂更多的玻璃。因此，要克服孩子粗心的毛病，就要从生活点滴做起，例如，写正楷字，画工笔画，择洗蔬菜，计算水电费，有序摆放学习和生活用品，等等。通过干细活，训练细心，远离粗心。

小云妈妈，天下大事必做于细，天下难事必做于易。我相信，只要坚持不懈，小云粗心的毛病一定能够矫正的。

最后，祝您全家身体健康，快乐幸福，事事如意！

此致

敬礼

殷老师

2015年12月31日

姗姗来迟为哪般
——孩子经常迟到怎么办

小乐妈妈:

　　您好!

　　来信已收悉。您在信中谈到您三年前夫妻离异之后,儿子小乐就一直由外公照顾。小乐上学经常迟到,每天早上总是睡过头,然后火急火燎地洗漱穿衣出门,早饭也顾不上吃,到达学校总要迟到几分钟,还常搪塞老师,为此老师没少向您告状。除了上学,小乐跟朋友约会参加一些公共活动时也经常迟到,迟迟不出门,临近约定的时间就发短信:对不起,我这边的事情还没完,马上就到。小乐说的"马上",有时候是半个钟头,有时候是一个钟头,让大家等得心急。面对小乐这种经常迟到的现象,您不知道该如何进行教育。

　　小乐妈妈,小乐经常迟到可能与他自身要求过低、时间管理困难和缺少学习热情等因素有关。如果小乐对学习和参加集体活动兴趣大、热情高,即使路程再远也会克服困难保证准点;而如果缺乏热情和兴趣,却又不擅长表达不满,就容易出

现经常迟到这种无意识现象。这种现象在心理学中称为"被动
攻击"，也就是用被动消极的方式来象征性地表达不满。至于
孩子常找迟到借口，是因为他意识不到自己迟到背后真正的原
因和其中的心理冲突，只是想借此来避免尴尬和惩罚，这在心
理学中称为"自我合理化"。

　　小乐妈妈，孩子经常迟到不仅会影响学习成绩，而且还
会消磨斗志，给人留下没有责任感、不尊重他人等坏印象，这
些都是未来成功的巨大障碍。所以，必须对症下药，及时加以
矫正。矫正时，家长要坐下来，与孩子一起分析迟到的原因，
讲清时间的作用、珍惜时间的意义，以及避免迟到的办法等。
如果是学习压力过于繁重，最好给自己的学习提提速，以保证
晚间有足够的睡眠时间。如果是让朋友等待，就要学会换位
思考，把自己放在等待者的位子上，想想自己被迫等待时的感
受。如果是太在乎细节，就要多做心理调节，让任何事情都顺
其自然。如果学习资料忘带了就不带了，头发有点脏了就再忍
一忍。久而久之，形成行为习惯，迟到的现象便会大大减少。
同时，用规律化生活调整迟到心理，改变所有跟迟到有关的心
理惯性。比如提前10分钟到学校，清理一下书包、课桌，把前
一晚做过的作业再浏览检查一下，每天让自己的上床时间提前
半个小时，等等。再比如循序渐进调整生活状态，仔细规划每
天的学习生活，认真完成，然后在晚上睡前逐项检查，做到有
备无患。

　　小乐妈妈，一位成功的家长应该要学会倾听和协商，让
孩子通过倾诉，把他内心深处的困惑、焦虑、问题等等表达

出来，然后寻找有效的解决方法。"是啊，你是不是可以这样"，"这样做，也许会有些作用，你可以试一试……"，等等。只有这样，教育才能真正深入孩子复杂多样、奇妙无比的心灵，才能在不知不觉中改变孩子迟到的习惯。小乐妈妈，相信经过你们的努力，孩子迟到的问题一定会得到改正的。

最后，祝您全家身体健康，快乐幸福，事事如意！

此致

敬礼

殷老师
2015年1月9日

26

作业及时不拖拉
——孩子作业拖拉怎么办

小斌爸爸：

  您好！

  来信已收悉。您在信中谈到您正在上初一年级的儿子小斌，做作业经常拖拉，边写边玩，抠抠手指甲，拿喜欢的东西玩上一会儿，有时候还要到另一个房间转一圈，甚至停下来整理一下书桌，字写得不工整时，就要撕掉几张作业纸再重新开始……一直拖到很晚，一个小时可以完成的作业要做两三小时，最近这一现象愈演愈烈，把父母亲也搞得筋疲力尽。上周您动用了"武力"，小斌口口声声说会改正，但本周依然如此。昨天班主任来电，也是谈这个问题。面对孩子的拖拉现象，您不知道该如何进行教育。

  小斌爸爸，小斌做作业拖拉的原因可能与孩子对学习目的不明确、时间感应能力差、视觉注意力不集中和手、眼、脑的协调能力弱有关。孩子由于长期做事慢，思维发展受到制约，不能按时完成作业；既不能正常休息，又承受巨大的心理压力，会因此产生较强的自卑感和逆反心理。

小斌爸爸，没有良好的注意力，再聪明的才智都无法体现。因此，家长应注重孩子注意力的培养，有的放矢地加以矫正。具体的矫正方法有：

1. 认识拖拉危害

如果对作业拖拉的危害性认识不到位，别的措施作用再大都没用，只有在思想上高度重视作业拖拉的问题，才能下最大决心去改，才能持之以恒地把它改掉。因此，作为家长，应和孩子认真地谈一次，让孩子明白作业的重要性，按时、按量、按质完成老师布置的作业。

2. 鼓励笨鸟先飞

孩子作业拖拉所造成的学习效率低下、学习成绩差不是短时间内就能够解决的，需要一定的时间。在这段时间里就要鼓励孩子辛苦一点，多花点时间，尽快把学习搞上来，这在心理学中称为"登门槛效应"。

3. 提高学习效率

家长要指导孩子掌握科学的学习方法：预习——弄清难点；听课——领会关键；复习——扫除疑点；作业——全面巩固；小结——形成系统。提高时间的利用率，督促他做作业时集中精力，一鼓作气，不能东张西望。

4. 尝试速度测定

运用速度测定法可以让孩子感受"我可以很快"。家长可以和孩子一起设计一个表格，记录单位时间里（例如10分钟）能写多少个字，能做几道试题。然后算一算按这样的速度，做完所有的作业要用多长时间，让孩子知道自己是可以足够快完成作业的。

5. 实施行为契约

实施行为契约的步骤是：第一步，列出可以改进的问题清单，制订改进后的目标行为，列出孩子喜欢的强化刺激物；第二步，亲子双方用清晰明确的措辞写下行为契约，共同签字；第三步，当孩子完成一个行为契约后，立即兑现强化刺激物，再重新制订新的行为契约，确定新的目标行为。通过契约管理和代币奖赏，可以有效地帮助孩子改变作业拖拉的习惯。

小斌爸爸，家长教育孩子的正确方法是应站在孩子的角度思考问题，多替孩子着想，多使用关心的语言，让孩子真实感受到父母的理解，由被动变主动。这比一味训斥和打骂的效果要好得多！我相信，随着你们的努力，孩子做作业拖拉的毛病一定会得到改正的。

最后，祝您全家身体健康，快乐幸福，事事如意！

此致

敬礼

殷老师

2015年1月13日

言不信则行不果
——孩子考试作弊怎么办

小杰妈妈：

您好！

来信已收悉。您在信中谈到您正在上初三年级的儿子小杰，从小聪明可爱，成绩一直非常棒，本学期还担任了班级的班委干部。自从担任班委以后，小杰就有点飘飘然，学习没有以前认真踏实。期末考试考数学前，小杰害怕数学成绩不好，就把几个公式写在一张草稿纸上带进了考场，当他正准备把那张草稿纸放在桌上偷看时，被老师看见并没收了。小杰狡辩说上面的公式和算式是刚写的，和监考老师吵了起来。监考老师非常恼火，把这件事反映到了学校德育处，学校正准备对小杰进行纪律处分。面对孩子出现的这种情况，您不知道该如何对他进行教育。

小杰妈妈，考试作弊是孩子故意破坏考试目的、虚假反映考试效果和质量、导致考试结果失去信度和效度的行为。考试作弊与孩子的虚荣心理、功利心理和投机冒险心理等因素有关，是不良道德行为，是对考试内容、形式、方法的消极否定。

小杰妈妈，小杰出现的作弊现象不仅妨碍学习成绩的提高和良好道德行为的形成，而且会破坏班级正常的教学秩序和优良的学风建设。因此，有必要及时加以矫正。具体的矫正方法有：

1. 不断强化良好的自我意识，塑造诚信人格

所谓自我意识，简单地讲，就是指一个人对自己的认识和评价。良好自我意识包括自知、自爱、自尊、自强、自制等。自知，指人应有自知之明，也就是既要看到自己的不足，更要看到自己的长处；自爱，就是悦纳自己、保护自己、重视身体健康、珍惜自己的品德和荣誉，以赢得别人的尊敬和友情，并能善于适应现实环境，力求自身的发展和学习的进步；自尊，就是不退缩、不畏惧、不妄自菲薄，做到谦而不卑；自强，就是要自我肯定，相信自己，在纷繁多变的环境中，能够自我成长、自我实现，不论在什么情况下，都不轻易放弃；自制，就是不但能控制自己的情绪，而且能根据自己的能力，做到有所为，有所不为，能独立地做出决定，善于掌握和支配自己的行动。只有不断在平时生活中完善自我意识，才能养成乐观、成熟、诚实的品性，塑造健全的人格。

2. 明确学习目标，提高学习动力，学会学习，注意平时积累

合理的学习应当遵循一定的心理学规律，比如记忆有认识、保存、再认识的规律。怎样才能遵循记忆的规律进行学习，这是值得孩子思考的问题。只有平时认真学习，做到循序渐进，厚积薄发，才能树立自信，笑对考场，不作弊。

3. 注意对考试认知的调整，理智看待考试及其结果

心理学研究发现，应激和挫折本身并不是导致情绪障碍和行为偏差的直接原因，人们对诱发事件所持的看法、解释、信念才是引起人的情绪和行为的直接原因。孩子对考试存在错误认识，认为考试只能成功不能失败，考试失败就意味着人生的失败，考试失败会对不起父母朋友，一次考试失败就意味着前途就彻底黯淡，等等，都需要父母不断地去转变和矫正。只有帮助孩子转变了错误的认识，建立起了合理的认知模式，孩子才能够有良好的心态去面对考试的结果，做到胜不骄，败不馁。

4. 做好考试期间的良好心理维护和保健

做好考试期间的良好心理维护，确保以一个良好的心理状态去参加考试，可以帮助孩子避免作弊念头的产生。考试期间良好的心理维护可以通过自我鼓励、自我积极暗示、科学用脑、有效利用生物节律安排复习、劳逸结合、加强运动、焦虑时转移注意力、学会放松等一系列心理保健的方法来实现。

小杰妈妈，随着科学技术的发展和升学压力的增大，今后孩子考试作弊的手段会越来越高超，方法会越来越巧妙。教育孩子时，只有在小事上防微杜渐，才能真正做到诚信考试。我相信，通过你们的努力，小杰一定会认识到考试作弊的危害并深刻改正的。

最后，祝愿您全家身体健康，快乐幸福，事事如意！

此致

敬礼

殷老师
2015年2月7日

28

业精于勤荒于嬉

——孩子得过且过怎么办

小烨爸爸：

您好！

来信已收悉。您在信中谈到您儿子小烨，进入初中以后，成绩一直在班级内名列前茅，全家对他抱有很大的希望。去年九月份升入初三年级以后，学校为了提高尖子生的成绩，把初三年级所有的尖子生集中在一起，办了一个培优班。进入培优班后，小烨的学习比以前更加认真了，可是培优班中都是好学生，竞争非常激烈，小烨虽然很努力，但由于英语成绩一直不好，去年期中考试和期末考试的总分都落在班级中下游。新年后，小烨看到竞争不过人家，学习明显放松，得过且过，应付了事，每天很晚去学校，作业也常完不成，回家还要玩游戏；对英语学科，更是放任自由，不愿去学。面对孩子的这种表现，您不知道该如何对他进行教育。

小烨爸爸，小烨得过且过是缺乏上进心、缺乏毅力、时间观念淡薄的表现。孩子刚开始进入培优班时，在努力地适应周围环境的同时，自我意识也在逐步增强，但是青少年自我意识发展的一个明显特征就是不够稳定，当他们遇到困难和挫折时，自我意识会出现混乱，理想自我与现实自我发生矛盾，出现各种心理问题。

　　小烨爸爸，小烨的得过且过会导致对学习越来越没有兴趣，越学越感到苦恼，越学包袱越重，越学成绩越差，产生失落感和挫折心理。因此，有必要及时加以辅导。辅导时，首先，要在思想上热情关怀孩子。孩子成绩不好，心里也很苦闷，这时候家长就要满怀热情地关心孩子，让孩子感受到这份关心，然后一起分析成绩落后的原因，制订前进的目标和措施，树立学习的信心，提升学习劲头。其次，在心理上精心帮助孩子。进入培优班以后，孩子出现了预期和现实之间的落差，当这种落差达到一定程度，必然产生心理上的断裂，随之带来各种各样的心理问题。通过针对性的心理辅导，改变孩子的认知系统，他的行为系统也会随之改变，心理状态就会提升。再次，在方法上耐心指导孩子。告诉孩子，学习不是多做题、多练习，而是要多讨论、多探究；上课不是记了多少笔记，而是消化了多少知识；竞争要少与同学横向比较，而多与自己纵向比较，等等。通过改变学习方法，从而改变学习上的应付思想。最后，在台历上列举当日工作。教育孩子每天早上在台历上列举出当天要做的几件事，根据重要程度排好序，每做完一件事，给自己一个奖励。傍晚总结一下完成情况，没有完成的利用晚上补完，决不把学习拖到第二天。

　　小烨爸爸，"明日复明日，明日何其多？我生待明日，万事成蹉跎"。我相信，通过你们的努力，小烨一定会重新振作起来，奋发图强，彻底改掉得过且过的思想的。

　　最后，祝您全家身体健康，快乐幸福，事事如意！

　　此致

敬礼

殷老师
2015年3月17日

29

读懂多动的背后

——孩子多动怎么办

小明爸爸：

您好！

来信已收悉。在信中，您谈到您正在上初一年级的儿子小明，非常好动。据老师反映，小明经常不遵守纪律，好晃椅子、敲凳子、咬铅笔等，注意力不能集中；做作业最多坚持一刻钟左右，然后就心不在焉，一会儿动这，一会儿动那，写字不是多一横就是少一竖；做课间操时，排队站不定，不是自己转来转去，就是一会儿推前面的同学，一会儿踢打旁边或后面的同学；集体活动时迫不及待，玩得高兴时，又唱又跳，得意忘形，不顺心时就乱发脾气。您对小明这种多动的行为习惯感到非常担心，怀疑小明是否患有多动症，不知如何矫正。

小明爸爸，小明的行为确实是多动的表现，但是不是多动症，我在这里不能明确答复您，因为是不是多动症要经过医学上的诊断。孩子多动主要表现为活动过多、注意力分散和冲动行为，这可能与遗传因素、早期环境和教育有关。多动使孩子主动注意减退，被动注意增强，明显影响孩子的学习成绩、身心健康，以及交往能力。

小明爸爸，多动是孩子成长过程中的不适宜行为，给孩子和家庭带来了很多麻烦，有必要及时加以矫正。具体的矫正方法有：

1. 创设活动情景

针对孩子好动的特点，家长应多创设一些活动情境，如小竞赛、小表演、小制作等，让孩子参与其中。随着孩子对活动产生浓厚的兴趣，注意稳定性就会增强。

2. 强化适宜行为

根据操作性条件反射的原理，及时对孩子的行为给予奖励或剥夺，孩子就会学会用新的有效的行为来替代不适当的行为模式。

3. 给予有意忽视

孩子多动的行为中隐含着想获得他人注意的愿望，如果家长直接干预，可能正好迎合了他的目的。这时，家长要有意忽视，这样孩子就会自觉没趣，改变这些行为。

4. 集中注意训练

每天吃过晚饭后，可以要求孩子端正坐在书桌前，静心凝神连续听时钟秒针走的声音15分钟。同时要求孩子每日定时听1-2次故事，或每次自己读书15分钟，并逐渐延长时间，直到每次能听故事或阅读45分钟以上。

5. 使用好记事本

指导孩子准备一本记事本，每天将要做的几件事情按顺序写下来，每做好一件事情就打个钩。前一晚将第二天要写的作业写下来，第二天每完成一个作业就打个钩。外出游玩时，提醒孩子在记事本上制订好计划并写下准备带的东西，出发前对照计划逐一准备并打钩。通过有的放矢地训练，养成孩子条理清楚的好习惯。

　　小明爸爸，青春期孩子的成长过程不是整齐划一，而是各有特点，多动就是这种差异性的体现。面对差异，我们既要承认和正视，更要以积极的态度去研究差异，为每一位孩子搭建发展的平台，帮助他们健康快乐地成长。我相信，经过你们的努力，小明多动的习惯一定会得到矫正的。

　　最后，祝您全家身体健康，快乐幸福，事事如意！

　　此致

敬礼

殷老师

2015年4月30日

行为辅导编

30

哪个少男不怀春

——孩子早恋怎么办

小杜妈妈：

您好！

来信已收悉。在信中，您反映您和您丈夫平时工作都很忙，很少和儿子一起吃饭，一起交流。儿子小杜正在上初三年级。最近，您发现小杜与女同学小美好像在谈恋爱，两人经常一起外出吃饭，还手拉手逛街、逛公园等，甚至还出现在KTV一起玩到半夜的情况，学习成绩明显下降，为此您感到很焦虑。面对孩子的这种情况，您不知道该如何对他进行教育。

小杜妈妈，小杜和小美都是初三学生，已经进入了青春期。青春期少男少女的性意识开始萌芽，出于对异性的好奇和生理上最原始的萌动，受体内荷尔蒙的刺激，很容易发生早恋，这是一种很正常的现象，说明他们两人身体发育非常健康，并且都具有了爱的意识。但毕竟孩子还小，还没有完全具备恋爱所需要的物质和心理基础，可能会一时冲动干出蠢事，导致早孕，造成身心伤害。

小杜妈妈，遇到这种情况，家长应静下心来，沉着应对，切忌暴风疾雨，拆散了事。心理学上有一个"罗密欧与朱丽叶效应"，说的是恋爱青年如果要强硬拆散，不仅拆不散，而且更容易使两人走到一起，甚至产生离家出走、殉情等恶性事件。家长教育时，首先，应建立亲密的亲子关系。随着年龄的增长，性意识的成熟，和父母渐渐疏远，孩子会有选择性地和父母进行沟通交流。因此，家长要经常与孩子推心置腹地谈话，在赢得孩子信任的基础上，告诉孩子早恋的原因，指出对异性朦胧的好感是性意识正常发育的结果，但真爱需要等待，不能过深地发展关系，否则会影响学习，窄化自己今后人生道路的选择。其次，要与老师多联系，一起对孩子进行性教育，引导孩子将旺盛的精力集中于文化知识的学习上，在异性交往中做到互相尊重，互相帮助，互相学习，共同进步。同时，安排孩子观看性教育的展板、宣传画、健康的图书和网站等，用科学的知识来破除孩子对性的好奇心和朦胧感，防止各种不良思想和色情信息乘虚而入。再次，引导孩子多交朋友。根据心理学家艾里克森的理论，青少年的主要任务是建立合适的亲密感，而且亲密感的范围要大。如果范围过小，很容易产生两情相悦、相互爱慕的感觉，导致早恋。最后，发展孩子的兴趣爱好。兴趣爱好可以是科技和文化等方面的，也可以是体育、艺术和旅游等方面的，把孩子对异性的兴趣转移到对其他方面的兴趣上来。

小杜妈妈，作为家长，完全没有必要把早恋当成洪水猛兽，给孩子造成巨大的心理压力，落下心理阴影。而是要积极和孩子沟通，进入孩子的情感世界，撩开青春期恋爱的面纱，告诉孩子花开应有时，引导孩子顺利度过"危机期"。我相信，随着你们的努力，小杜早恋的事情一定会妥善解决的。

最后，祝您全家身体健康，快乐幸福，事事如意！

此致

敬礼

殷老师
2014年9月25日

31

生命因你而精彩
——孩子自残怎么办

小婷妈妈：

　　您好！

　　来信已收悉。在信中，您谈到您的女儿小婷，进入初三年级以后，和父母亲交流变少了，在家里经常一个人坐在书桌前发呆，作业也不做，还不时冒出"学习真没意思"的话来。期中考试时，小婷成绩有了明显的退步，爸爸严厉批评了她，她泪流满面，独自躲到房间里。您推门进去时，发现她正用刀在手上割静脉。幸亏发现及时，送到了医院，才保住了她的性命。现在小婷马上就要出院，您不知接下来该如何对她进行教育。

　　小婷妈妈，听到这个消息，我感到非常痛心。小婷自残是由于遭到刺激或压力时，自身不能疏导，就采用往手上划口子放血的方式，来宣泄自己的情绪或表明自己的心志。这种极端行为产生的原因是多方面的。一方面是一些网络上以自残自杀为追求的非主流文化，对孩子起了暗示作用，孩子认为这是个性独具一格的表现，以此来错误地证明自己的独立和长大；另一方面是孩子进入初三以后，学习成绩一直不好，内心感到非常孤独、脆弱，家长又不能理解，还要严厉批评。在郁闷、烦躁和失落的心境下，孩子无法承受，感到自己活在这个世界上没有意义和价值，就任由小刀在自己手上刻画，发泄心中的烦恼。

小婷妈妈，孩子马上就要出院了，出院以后的心理关怀对孩子的康复非常重要，一定要耐心细致，沉着应对。首先，要尊重和保护孩子的隐私，切不可在公众场合宣扬这个事件，以免给孩子造成心理负担，同时要多陪伴孩子，密切关注孩子的举动，防止类似的行为发生。其次，等孩子情绪稳定以后，要推心置腹地和孩子交流，让孩子明白生命的意义，感受到自己的存在和价值。可以购买一些生命教育的书籍给孩子看，让孩子从英雄人物或成功人士身上看到克服困难和挫折的勇气，坚定生活的信心和毅力。再次，改变孩子认知事物的方式，告诉孩子遇到刺激和压力时，要一分为二地看，多向好的方面想，多想想以往愉快的情景，形成正向的思维方式。最后，告诉孩子遇到压力时，可以采用一些心理放松的方法来缓解，例如，听轻音乐、看漫画书、坐按摩椅、散步等。把这几种放松的方法结合起来使用，效果会更好，如一边按摩，一边听轻音乐；或一边散步，一边观景等。

小婷妈妈，一棵幼小的树苗，在它成长的关键时期，只有经过合理的浇水、施肥和阳光照射后，才能成长为一棵参天大树。其中，任何一个环节得不到及时的关注都会使小树过早地枯萎。因此，在关注孩子学习成绩的同时，更要关注孩子心灵的成长，多听取孩子内心的想法，避免严厉的指责与惩罚。我相信，只要你们认真对待，注意教育方法，孩子自残后的心理阴影一定会及早洗刷的。

最后，祝您全家身体健康，快乐幸福，事事如意！

此致

敬礼

殷老师

2014年11月20日

32

筑就成长的基石

——孩子经常撒谎怎么办

小清爸爸：

　　您好！

　　来信已收悉。在信中，您谈到您从小对儿子小清就要求严格，小清非常怕您。去年小清升入了初一年级，有一次，您发现他回家没有做作业，问他原因，他说老师没有布置。第二天，您却接到了老师告状的电话。还有一次，他谎称学校要交书报费，问您要了20元钱后，竟然到网吧上网去了。诸如此类的谎言，还有很多很多。面对孩子的撒谎行为，您不知道该如何对他进行教育。

　　小清爸爸，从来信中可以看出，小清爱撒谎的原因与家庭教育的过分严格、补偿自我和降低焦虑的心理需要等因素有关。当人们受到环境的压力或内心欲望的驱使时，往往可能出现脱离自我控制的行为，有时会出现完全背离自己认知的言行，这时谎言便应运而生。撒谎行为会让小清情智发育过程偏离正常轨迹，容易导致人际关系和信任的缺失，遭到团体和好友的孤立，时常处于紧张焦虑状态，影响身心健康。

　　小清爸爸，小清撒谎是不诚实的表现，长此以往，会严重危害健康成长。因此，有必要及时加以矫正。矫正时，首先，家长要以身作则，言行一致，做一个诚实正直的人。不要教唆孩子说谎，在孩子面前要努力讲真话，说到做到，树立诚实的形象，提高威信，并告诉孩子说谎的危害。其次，注意教育方法，防止错误引导。有一个关于华盛顿小时候的故事。有一天，华盛顿在园里砍了一株樱桃树，他的父亲知道了，非常气愤，华盛顿急忙跑去承认，说是他砍的。他的父亲不但不责备他，反而嘉许他，鼓励他处处要诚实。以后，华盛顿事事做得诚实，决不说谎，终于成就了伟大的事业。这个故事说明了家长的教育引导十分重要，如果家长对一个承认错误的孩子横加指责，必然在孩子的心灵播下不诚实的种子。再次，做好心理保健。孩子撒谎是由贪婪、焦虑、补偿等心理问题引起的，通过自我鼓励、积极暗示、转移注意力、积极咨询求助等一系列自我心理保健方法，可以避免撒谎念头的产生和撒谎行为的发生。最后，预防防御性撒谎。在处理孩子撒谎问题上，家长不应该扮演检察官的角色，不应该夸大事实把事态弄大，更不能打骂逼供，而应指出孩子的问题，直接说出事情的真相，并明确表明自己的态度。例如，当学校通知孩子的数学考试不及格时，家长不应该问："你的数学考试通过了吗？我已经和你的老师谈过了，知道你考得糟透了。"而应该直接告诉孩子："数学老师告诉我你没有通过考试。我很担心，不知道该怎么帮助你。"等等。

　　小清爸爸，陶行知曾说过："千教万教，教人求真；千学
万学，学做真人。"青少年是祖国的未来，民族的希望。作为
家长，应教育孩子从小养成诚信的道德品质，从自身做起，从
具体事情做起，为营造全社会诚实信用的良好环境尽到自己的
责任。我相信，通过你们的努力，小清撒谎的问题一定会得到
有效解决的。

　　最后，祝您全家身体健康，快乐幸福，事事如意！

　　此致

敬礼

殷老师

2014年11月24日

告别虚幻的网络
——孩子网络成瘾怎么办

小华爸爸：

　　您好！

　　来信已收悉。您在信中谈到您正在上初二年级的儿子小华。去年家里为他买了一台电脑，从此，小华便利用电脑网上交友。一开始，家里以为小华大了喜欢交友也很正常，便没有多加干涉。时间一长，小华便沉迷其中，半年后成绩下降，引起了你们的警觉，开始对他进行上网控制，但很快就发现，小华改变了上网时间，经常半夜起来偷偷上网，导致白天无精打采。为此，你们感到非常焦虑，不知道该如何对小华进行教育。

　　小华爸爸，小华的行为是网络成瘾的表现。青少年沉迷网络与缺少上网指导、寻求个体自尊和满足社交需要等因素有关。由于心理不成熟、交往经验和交往技巧缺乏等原因，青少年在现实交往过程中往往会出现闭锁心理、防御心理、自卑心理等心理问题，导致在现实中交往失败。网络的虚拟性和隐藏性恰恰可以使交往双方逃避在现实交往中的压力，可以向对方隐瞒真实的身份、年龄，甚至性别，以虚构想象的身份来与对方进行交往。这种交往方式既避免现实交往中紧张不适的心理，又满足了青春期交往的需要，于是让人逐渐乐此不疲。

小华爸爸，小华网络成瘾影响学习成绩，损伤身心健康，导致各种慢性疾病，降低个体免疫力，必须及时加以矫正。具体的矫正方法有：

1. 进行心理交流

家长与孩子的关系往往只是在现实世界中存在，很少有家长在网络的虚拟世界中成为孩子的朋友。但国外就有一位母亲注册社交网站，采取与孩子们一样的网络交流方式，与她的儿子结为好友。这种父母、孩子间的角色变化，不仅加深相互理解，消减代际隔膜，也使孩子更乐于也更平等地接受父母的劝导。

2. 指导正确上网

网络中有垃圾，也有宝藏；有精华，也有糟粕。青春期的孩子好奇心强，渴望知识，面对游戏以及网上花花绿绿的虚拟世界，缺乏明辨是非的能力。这时家长就应该因势利导，把网络的学习功能应用起来，寓教于乐，让孩子在网上学习交流。

3. 引导兴趣转移

如果孩子一心一意扑在网上，家长可以多带孩子出去玩玩，带他去想去的地方，让他接触自然，或者每周陪孩子做一些户外运动，开展一些趣味活动，把孩子的注意力渐渐从网络上转移开。

4. 进行必要疏导

网瘾问题既可以采用行为疗法加以矫正，如行为契约法、厌恶疗法、强化法等，也可以采用认知疗法加以辅导，如认知重建、自我暗示、辩论法等。可以通过限时报警、生理反馈等技术和手段，使孩子每周上网时间逐渐减少。

5. 及时鼓励孩子

有些孩子因为自卑的情绪，觉得自己一无是处，不愿面对现实，所以沉迷于网络世界。因此，家长应多发现孩子的长处，多看到孩子的优点。孩子如果有自卑情绪或者抑郁情绪，家长应多给孩子强调积极的一面，突出其优秀的一面，让孩子重新在现实中树立信心。

小华爸爸，严防死守不是戒除网瘾的理想办法，而是要顺势而为，疏多于堵。相信经过你们的努力，小华沉迷网络的现象一定会得到改变的。

最后，祝您全家身体健康，快乐幸福，事事如意！

此致

敬礼

殷老师

2014年11月27日

与偷东西说再见
——孩子偷拿东西怎么办

小彦爷爷：

　　您好！

　　来信已收悉。在信中，您谈到您正在上初一年级的孙子小彦，幼年时爸爸出车祸去世，妈妈不久也离家出走，一直没有音信，小彦长期随爷爷奶奶生活，从小就沉默寡言，孤独自卑。四年级时，小彦就开始偷拿家中抽屉里的钱，他奶奶没有办法，只好在抽屉上装了两把锁。升入初一后，小彦在学校多次偷同学的零用钱、零食，甚至翻老师的包，为此您和他奶奶伤透了脑筋，打过骂过，小彦每次也都忏悔说不敢了，可没过多久就故态复萌。面对这样的孩子，您不知道该如何对他进行教育。

　　小彦爷爷，小彦偷拿东西是严重的违纪行为。这可能与孩子从小缺少爱、缺乏安全感和归属感等因素有关。小彦从小失去父母，朋友又少，得不到父母的爱护和伙伴的认同，导致生活中缺少安全感和归属感，精神上得不到关注与关心，转而寻求物质上的满足，企图通过偷拿东西来补偿因得不到爱而受到的伤害。

小彦爷爷，小彦的偷拿行为严重影响了他在人群中的良好形象，很容易毁掉他的前程和幸福。对于孩子的这些行为，家长的处理方式非常重要。有些家长要么惊恐万状，怒从心头起，一顿暴打；要么视而不见，甚至姑息迁就，替孩子打"掩护"。这两种做法危害极大，往往会把孩子向不正确的道路上"推"一把，都不可取。正确的矫正方法应该是这样的：

1. 培养是非观念

孩子偷拿东西，是因为缺乏正确的道德观念。因此，家长必须从孩子的实际认识水平出发，让孩子懂得偷窃是一种不良的行为，如果今日小偷小摸，将来就有可能大偷大摸，走上歧途。应通过反复教育，培养孩子的是非观念，增强改邪归正的决心。

2. 增强抗拒能力

有偷窃行为的孩子，在接受教育后，会有所改变。但任何行为习惯的改变都不是轻而易举的。在新的行为尚未巩固时，旧的行为在短期内仍会影响他们。因此，在相当时期内，适当地控制外部条件，帮助孩子避开某些直接诱因是十分重要的。当孩子行为有进步时，要及时表扬、鼓励、赞赏。当出现反复时，切不可急躁，既要批评，又要耐心说服，使孩子受到震动，产生内疚心理，增强自觉改正的决心。

3. 培养劳动习惯

在家中要有意识地教孩子学做简单的家务，培养劳动观念，让孩子懂得只有付出劳动才能得到物质的满足，避免不劳而获的"拿来"行为。

4. 实施意向转移

转移意向法体现了中国文化中"行欲方而智欲圆"的智慧，"方"有规则、原则性等含义，"圆"有灵活性、因势利导等含义。也就是说，转移孩子的注意力，完全可以把孩子的不良行为转变为赢得成功的巨大推动力。

5. 学会自我矫治

自我矫治的方法有欲望暴露法、偷欲剖析法、危害警戒法、欲望升华法、角色扮演法、谴责内移法、替代体验法等。通过自我矫治，行为替代，改正孩子的偷拿行为。

小彦爷爷，偷拿行为在孩子中并不少见，遇到这个问题时，既不能掉以轻心，也不宜反应过度，而应想方设法保护孩子的自尊心，给他提供醒悟的机会，动之以情，晓之以理，努力把他从歧途上拉回来。我相信，经过你们的努力，孩子的偷拿东西行为一定会改变的。

最后，祝您全家身体健康，快乐幸福，事事如意！

此致

敬礼

殷老师
2014年11月29日

社交恐惧矫正记

——孩子交往恐惧怎么办

小海爸爸：

您好！

来信已收悉。您在信中谈到您正在上初一年级的儿子小海，自幼聪明可爱，性格腼腆，很少说话，对于家中的陌生客人经常躲而不见。本学期期中考试时，小海的学习成绩却出现较大的退步。经多次询问，小海才说出有一次上体育课阳光伙伴活动到终点时，大家都跌倒在地，小海身不由己地跌倒在了女同学身上，他马上就面红耳赤，感到羞愧难当。从此之后，体育课上的这一幕一直在小海脑中挥之不去，总感觉到自己思想很不健康，害怕见到女同学，情绪很不稳定。这种情绪影响到学习，导致小海上课注意力无法集中，学习没有效果，时而抑郁，时而焦虑，痛苦至极。面对孩子的这种情况，您不知道该如何进行辅导。

小海爸爸，小海的行为是青春期异性社交恐惧症的表现，它与孩子胆小内向的个性、缺乏青春期知识和过度的心理防御有关。当孩子出现过度防御时，现实的自我与理想的自我就会产生冲突，表现出焦虑等病态心理症状，只能采取压抑、隔离的自我防御形式来维护心理平衡。

小海爸爸，小海的异性交往恐惧症是因为在异性交往与恐惧之间建立了条件性的联系。要纠正孩子与异性的交往恐惧，就要割断这层联系，给予孩子正确的指导和训练，帮助孩子观察和学习社交经验。首先，应丰富孩子的阅历，拓宽孩子的视野。很多恐惧是由于无知而产生的，有的放矢地对孩子进行青春期教育，了解男女之间性生理和性心理的特点，参加一些有意义的实践活动或一些有趣的游戏活动，如夏日野外宿营、团体拓展活动等，可以让孩子在活动中收获异性交往的实践经验，培养胆量和魄力。这样，孩子的异性交往恐惧症也就自然而然地消除了。其次，多鼓励孩子的进步。运用赏识教育的方法，及时肯定孩子在交往中所取得的每一点进步，鼓励孩子不断地前进。最后，教给孩子自我疗法。例如，注意力集中法：在社交场合，不必过度关注给别人留下的印象，自己只不过是个小人物，不会引起人们的过分关注，学会把注意力放在自己要做的事情上。兜头一问法：当心理过于紧张或焦虑时，不妨兜头一问，再坏又能坏到哪里去？最终又能失去些什么？最糟糕的结果又会是怎样？大不了是再回到原点，有什么了不起！想通了这些，一切就会变得容易起来了。钟摆法：为了战胜恐惧，心里不妨这样想，钟摆要摆向这一边，必须先往另一边使劲。脸红大不了红得像块红布；心跳有什么了不起，还想跳得比摇滚乐鼓点还快呢！结果呢，孩子会发现实际情况远没有原先想象的那么严重，于是注意力就被转移到正题上了。当然，还有系统脱敏法、满灌疗法等等。通过这些方法，让孩子割断异性交往与恐惧之间的条件性联系。

　　小海爸爸，异性交往恐惧是青少年心理发展过程中难以避免的问题，是成长道路上的绊脚石，增强自信、多参加集体活动、学会自我治疗是战胜社交恐惧的关键。我相信，经过你们的努力，小海的异性交往恐惧症一定会得到克服的。

　　最后，祝您全家身体健康，快乐幸福，事事如意！

　　此致

敬礼

殷老师

2014年12月19日

勤奋方得真学问
——孩子不做作业怎么办

小榕爸爸：

　　您好！

　　来信已收悉。在信中，您谈到您夫妻俩都是农民，有五个塑料大棚，由于平时要忙农活，所以基本上管不到儿子小榕。最近听老师反映，小榕经常在班级内抄袭作业，期中考试时成绩退步较大。期中考试后，老师在班会课上批评了小榕，要求他写检查。小榕的检查书写得非常诚恳，可是班会课后没多久，他交上去的作业还是抄袭的，为此老师感到非常头疼。面对这样的孩子，您心中也很焦虑，不知道该如何对他进行教育。

　　小榕爸爸，现在学生中抄袭作业的现象比较严重，这与孩子作业负担过重、缺乏心理资源和虚荣心理诱使等因素有关，心理资源的缺乏影响了孩子完成作业的数量和质量，只能抄袭。孩子抄袭作业不仅影响学习成绩，还会在心理上形成消极依赖的想法，遇事就退缩，越来越讨厌学习。

小榕爸爸，孩子抄袭作业，不追求上进的表现确实让人感到焦虑，有必要及时加以矫正。具体的矫正方法有：

1. 说服法

通过生动形象的语言，摆事实，讲道理，使孩子明白抄袭作业的危害性，形成正确的做作业态度。说服孩子时目的要明确，语言要形象，态度要诚恳，场合要适宜。

2. 榜样法

寻找一些学习上的典型人物和典型事例，通过讲述榜样在遇到困难时的心路历程，激起孩子对榜样的敬慕之情，改正抄袭作业的行为。

3. 强化法

根据强化理论，如果行为的后果是愉快的，该行为出现频率就会增加；反之，出现频率就会减少。根据强化理论，孩子认真做作业时，家长就要不断鼓励，增加孩子的心理资源，而如果孩子抄袭作业就要合理惩罚。

4. 评价法

要求孩子在每次做完作业之后，在作业本上写一两句自我评价的话，如"我真棒"，"我完全能做好"，等等。这样既可以提高孩子的学习效率，又能防止抄袭作业现象发生。

5. 训练法

安排游戏活动，提高孩子对作业时间的感性认识。比如，给孩子计时，一分钟可以跳绳几下，写字几个，等等，让孩子明白一分钟也可以做好多事情。在此基础上，把作业分成几小块，对完成每小块所需要的时间估计一下，然后计时。如果孩子在规定时间内独立完成，就及时给予表扬或奖励。一段时间后，家长慢慢退出，用计时器代替家长来督促孩子。

6. 实践法

孩子抄袭作业，主要是缺少克服困难和挫折的心理资源。因此，家长要想方设法增加孩子的心理资源，减少无谓的浪费。帮助孩子认识挫折也是一笔财富，是人生成功的起点，贝多芬、居里夫人和童第周等都是在挫折的环境中取得成功的。教给孩子抗挫的方法，如补偿法、暗示法、幽默法等等。创造机会让孩子克服失败与挫折，提高抵抗挫折的信心和能力。

小榕爸爸，孩子抄作业的坏习惯是日积月累形成的，改变也需有个过程。这就需要家长持之以恒地训练，坚持不懈地实践，这样孩子抄袭作业的现象才能得到有效遏制。我相信经过你们的努力，孩子抄作业的行为一定会得到矫正的。

最后，祝您全家身体健康，快乐幸福，事事如意！

此致

敬礼

殷老师
2014年12月20日

"赌" 网恢恢 "输" 不漏

——孩子赌博怎么办

小君妈妈：

　　您好！

　　来信已收悉。您在信中谈到您正在上初二年级的儿子小君，由于受他爸爸搓麻将的影响，今年寒假也和同伴们在小来来中上了瘾，只要同伴一招手，一鼓动，就什么都忘了，赶快跑去赌。后来在您的教育下，他做出保证，不再和同伴赌博。哪知，他虽然口头答应了，却在电脑上赌开了，把开学时父母亲给他的700多元报名费也输光了。面对爱赌博的儿子，您不知道该如何对他进行教育。

　　小君妈妈，孩子喜欢赌博的原因可能与孩子缺乏辨别是非的能力、寻求刺激的好奇心理和面对压力的逃避心理等因素有关。这些不健康的心理因素，导致孩子一开始模仿成人，与同伴小来来，随后输赢的数额越来越大，开始出现赌博行为，而赌博行为又反过来作用于孩子不健康的心理，使不健康的心理得到再次强化和巩固，加深赌博行为，从量变到质变，使心理结构发生变化，渐渐喜欢上了赌钱。

　　小君妈妈，大量事实告诉我们，青少年赌博不仅影响学习成绩，损害身心健康，而且容易造成道德品质下降，严重削弱自尊心和责任感，有必要及时加以矫正。矫正时，首先，应创造良好的家庭环境。孩子赌博往往是由模仿成人开始的，家长应给孩子做出榜样，营造良好的家庭环境，坚决戒赌。其次，改变孩子错误认知。孩子赌博是因为受到"不劳而获"社会风气的影响，认为赌博很容易赚钱。家长可以通过一些赌博引起家庭悲剧的惨痛案例来教育孩子，并追问孩子赌博时赢的钱从何处来，赢钱后如何挥霍，输钱后怎么办，等等，引导孩子深刻认识赌博的危害。再次，组织兴趣活动。孩子迷恋赌博的原因之一是家庭文化缺乏，活动单一，只好在赌博中寻找刺激。为此，家长可以和孩子一起组织一些家庭兴趣活动，如郊游、登山、健身、下棋、唱歌等等，发挥孩子的特长，利用孩子的兴趣爱好引导孩子远离赌博。最后，观看法庭审判。购买一些影视片、VCD、图书、杂志等，一起观看由于赌博而违法犯罪的法庭审判，一起畅谈观后的感受，对孩子进行警示教育，强化"守法光荣，赌博可耻"的思想观念。

小君妈妈，赌博容易使孩子产生贪欲，使孩子的人生观、价值观发生扭曲。事实证明，只有提高孩子的认识水平和思辨能力，才能使孩子认识到赌博的危害，从而在思想和行动上更坚定地远离赌博。我相信，经过你们的努力，小君的赌博行为一定会得到矫正的。

最后，祝您全家身体健康，快乐幸福，事事如意！

此致

敬礼

殷老师

2015年3月2日

一朝上瘾终身苦

——孩子吸烟怎么办

小荣爸爸：

您好！

来信已收悉。在信中，您谈到您在前几年夫妻离异，儿子小荣和您一起生活。小荣升入初三年级以后不久，您就发现家中的香烟少了几包，问小荣是不是他拿的，结果小荣百般抵赖。没几天，您在小荣书桌旁发现了烟屁股，再次询问小荣，小荣还是不承认吸烟。上星期五晚上，您下班回来急匆匆上卫生间时，竟然发现小荣躲在卫生间大口大口吸着香烟，卫生间里烟雾缭绕。看到被揭穿，小荣才肯承认自己抽烟，已经有半年多了。面对小荣经常抽烟的情况，您心中非常忧虑，但又不知道该如何对他进行教育。

小荣爸爸，青少年吸烟的原因既可能是在尝试体验吸烟的滋味和模仿影视明星吸烟的潇洒动作，也可能是在逃避现实生活中的压力，还有可能是在故意违反学校的禁烟规定。吸烟时烟中的尼古丁进入血液，随血液流到大脑，与大脑中乙酰碱相结合，继而产生短暂的兴奋感。一旦体内尼古丁含量突然降低，乙酰碱无法与尼古丁结合，便产生强烈的吸烟要求，这就是平时常说的烟瘾发作。

　　小荣爸爸，吸烟不仅危害孩子的健康，对孩子的呼吸器官和神经系统等也十分有害，而且影响孩子心理品质，使孩子沾上赌博、逃学等不良行为。吸烟还容易让孩子交上坏朋友，成为孩子走向违法犯罪道路的诱发因素。因此，有必要及时加以矫正。矫正时，首先，家长要以身作则。孩子往往是在家长的影响下，开始吸烟和逐步学会吸烟的。因此，作为家长，先要禁烟，让孩子接触不到香烟。一段时间以后，孩子自然会对吸烟有一定的分辨力和抵制力，自觉戒掉吸烟行为。其次，利用法律法规教育。教育部在《中学生守则》中明确规定，学生禁止吸烟。《中华人民共和国烟草专卖法》规定：禁止中小学生吸烟。《中华人民共和国未成年人保护法》也规定，预防和制止未成年人吸烟。通过学习相应的法律法规，对孩子的吸烟行为亮起红灯。再次，改变孩子的价值观念。青少年吸烟在一定程度上是为了自我显示，表示自己具有真正男子汉的成熟形象，很有风度。因此，有必要教育孩子，吸烟有损中学生的纯真形象，只会让人产生厌恶感。最后，实施厌恶疗法。带孩子一起观看因吸烟而死于肺癌的电影或烟头导致的特大火灾现场等，让孩子真切感受吸烟的危害性，厌恶吸烟。

　　小荣爸爸，禁烟是世界性的趋势和历史性的潮流，家长只有根据孩子的心理特点，有的放矢地采取措施，做到标本兼治，自觉抵制吸烟行为，这才是成功的戒烟。我相信，经过你们的努力，小君吸烟的行为一定会得到矫正的。

　　最后，祝您全家身体健康，快乐幸福，事事如意！

　　此致

敬礼

殷老师
2015年3月8日

39

乖巧听话不任性

——孩子任性蛮横怎么办

小龙爸爸：

您好！

来信已收悉。您在信中谈到您家庭经济条件比较好，儿子小龙是超计划生育的二胎。平时您生意上应酬较忙，每天很晚回家，小龙妈妈也只顾自己休闲，对小龙疏于管教，爷爷奶奶对孙子又过于宠爱与放任，凡事都依着他，全家以小龙为中心。小龙从小就比较任性蛮横，经常和伙伴吵架，到了初一就是个问题学生，骂过班主任，和语文老师较量过，把英语老师气哭过。面对这样一个任性蛮横的孩子，您非常苦恼，不知道该如何矫正孩子的这种行为。

小龙爸爸，长辈对孩子放任和溺爱是导致孩子任性蛮横的主要原因。心理学家科尔伯格的研究表明，孩子任性是他的道德发展水平落后于生理发展水平，道德判断和选择能力低，任凭自己的情绪来处理事情，想要什么就得给什么，想干什么就得干什么，想怎么干就怎么干，一旦其需要得不到满足，就要脾气，使性子，不讲理。

小龙爸爸，任性蛮横严重影响了孩子的情绪和个性发展，影响孩子健全人格的形成，如果不加以改正，孩子今后会很难适应社会，难以独立生活，甚至可能由于任性蛮横而走上违法犯罪道路，因此，有必要及时加以矫正。具体的矫正方法有：

1. 认清蛮横危害

孩子任性是只知道由着自己性子来做事情，并不知道那样做的危害。因此，家长要和孩子一起坐下来，仔细分析任性蛮横的危害，逐条把它列出来，逐条把它改过来。

2. 决不溺爱迁就

家庭中对孩子的教育要求要统一，对于孩子不合理的需要，不管孩子使用什么样的手段，哪怕用哭闹、不吃饭、不去上学等进行抗议，也决不迁就，不能妥协。

3. 学会换位思考

教育孩子遇事要换位思考，脚穿对方鞋里，将自己置身于对方的境遇之中，想想对方的心理感受。这样，通过移情体验，可以有效改变孩子任性的行为方式。

4. 培养自控能力

孩子蛮横，缺乏自制能力是一个主要的原因。在家庭生活中，应有意地培养他的自控能力，从一些小事情入手进行教育。比如和孩子一起制定作息时间，认真督促孩子按照作息时间完成各项任务，否则就要接受惩罚，以此来改变孩子任性贪玩的毛病。

5. 实施冷处理法

对待任性孩子的最佳处理办法就是进行冷处理，即采用暂时不理睬的态度，把孩子孤立起来。冷淡几次后，孩子从中自然就会领悟到，靠执拗、任性、发脾气是不能实现自己不合理的愿望的。

6. 惩罚蛮横举止

对于孩子的任性行为，如果多次劝说不起作用，就要给他一次惩罚，让他体验到任性的后果。这样，孩子因任性受到了惩罚，下次就会大大收敛了。

小龙爸爸，对于任性的孩子，我们不能一味地去责备他，而应多分析问题产生的原因，对症下药，以科学的教育理念为指导，以博大宽容之心接纳他，包容他，用爱心、耐心、恒心去感化影响他，正确引导他走出误区，走向健康美好的未来！我相信，经过你们努力，小龙任性的问题一定会得到改正的。

最后，祝您全家身体健康，快乐幸福，事事如意！

此致

敬礼

殷老师

2015年3月21日

成由勤俭败由奢
——孩子相互吃请怎么办

小力妈妈：

您好！

来信已收悉。在信中，您谈到您夫妻两人都是企业里的普通工人，经济收入一般。前一阵，您正在上初二年级的儿子小力，受班里同学的邀请参加了一些宴会：有的是过生日请客，有的是为了当学生干部，有的是为了一起消遣……眼看小力4月8日的生日马上来临，小力每天吵着要求父母在饭店办生日宴还礼，说绝对不能让同学们在背后说他抠门。面对孩子的这种情况，您不知道该如何对孩子进行教育。

小力妈妈，孩子之所以追求乱消费，无非是攀比心理、要面子心理和爱慕虚荣心理在作祟。中学生本是纯消费者，但令人困惑的是现在许多中学生不是根据自己的需要和能力来决定自己的消费行为，而是盲目地攀比。在这种心态引导下，表现出人家有的我也要有，人家好的我还要更好的攀比心理。这种不断增长的物质要求与尚未独立的经济地位之间的矛盾，就会表现在个人的欲望和受到的限制之间的矛盾冲突。

小力妈妈，孩子相互吃请既影响学习，使学习效率下降，又容易滋生安逸享乐和懒惰的思想，消减孩子的意志，增加家长的经济负担，还会导致同学纠纷。因此，有必要及时加以教育。教育时，首先，要坚决制止这种乱消费行为。不少家长爱子心切，认为不能让孩子不如别人，遇到孩子过生日，总能慷慨地多给点钱，让孩子乐一乐，这种做法无疑助长了孩子盲目浪费的心理。其实，过生日不一定要办酒宴，给同学送张贺卡、送条祝福语，或者为同学做件好事，也是过生日的好方式。其次，树立孩子学习的榜样。根据青少年模仿性强的特点，讲述一些榜样人物的故事，如刘墉、周恩来等，号召孩子向他们学习，培养勤俭节约的好习惯。再次，教育孩子合理消费。孩子消费时要量力而行，根据家庭的经济收入来决定，生日消费应控制在适度范围内，一旦过度就会适得其反，导致孩子过早地介入人情消费，对孩子的人生观和价值观产生误导，甚至让孩子走偏人生之路。最后，组织实际锻炼活动。相互吃请与孩子劳动观念淡薄、不珍惜劳动成果等密切相关。父母亲可以组织一些实践活动，如捡废品、银行储蓄等，让孩子体验劳动的艰辛以及物质财富的来之不易。另外，还可提议孩子向孤儿院、贫困地区学校捐款，培养孩子的爱心和同情心。

小力妈妈，我们还可以趁着孩子过生日进行感恩教育，让孩子明白，自己的出生日也是母亲的受难日，生日最应该请的是自己的父母，感谢父母含辛茹苦的养育。同时告诉孩子，父母最乐意看到的是孩子不用让人操心，学会持家理财，健康顺利地成长。我相信，经过一系列的教育以后，小力的消费观念一定会得到改变的。

最后，祝您全家身体健康，平安幸福，事事如意！

此致

敬礼

殷老师

2015年4月4日

41

勿以恶小而为之
——孩子欺负同学怎么办

小瑞妈妈:

　　您好!

　　来信已收悉。您在来信中谈到您刚上初一年级的儿子小瑞,从小他爸爸就很宠爱他。小瑞上小学时就喜欢动手动脚,初一开学才三个星期,就有不少老师和家长打电话给您,反映小瑞经常在班级里欺负同学,不是今天在操场上手脚相向,就是明天在教室里威胁同学,为此教师和同学意见很大。但他爸爸还不以为然,认为小孩子跳跳吵吵是常事。面对爱欺负人的儿子小瑞,您不知道该如何对他进行教育。

　　小瑞妈妈,小瑞爱欺负同学与影视媒体的暴力情节、支配心理的过度膨胀和移情能力的高度缺乏等因素有关,孩子由于受影视媒体暴力镜头的影响,对欺负行为缺乏正确的认识态度,与同伴交往喜欢占控制地位,以此来展示自己的支配力量,并获得别人对自己的敬畏,从中体验快乐和愉悦。

　　小瑞妈妈,欺负行为不仅不利于孩子的身心健康,而且还会危害学校的校风建设。因此，有必要及时加以矫正。具体的矫正方法有：

1. 父母以身作则

父母应以身作则，注重言传身教，为孩子树立良好的榜样，不出现攻击行为，同时及时关注孩子的心理变化，加强对孩子行为的监控，做好孩子的心理疏导工作，使其正视困难，纠正心理偏差。

2. 提升移情能力

家长应和孩子深入交谈，让孩子明白家长对欺负行为的态度，通过换位思考，理解受欺负者的感受，明白欺负行为不是开玩笑，它会给别人带来伤害，并且会给自身带来一些负面影响，从根本上抑制欺负行为的再度发生。

3. 训练社交技能

青少年发生欺负行为的一个重要原因就是缺乏良好的社交技能。因此，对出现欺负行为的孩子，家长应有意识地对其进行交往训练，提高人际沟通能力，减少欺负行为的发生。

4. 建立支持系统

作为父母，应仔细观察孩子的情绪，主动倾听孩子的声音，理解孩子的所思所想，平衡孩子内心的怨恨与不满，防止欺负事件的发生。

5. 强化法制意识

利用空闲时间，和孩子一起参加法制讲座、法院庭审，以及观看法制影视资料等活动，让孩子在耳濡目染中了解国家法律、法规，做到知法、懂法、守法，在生活中能够自我认识、自我领悟和自我矫正，从而不断提升个人法律意识。

　　小瑞妈妈，相信只要对症下药，因势利导，小瑞的欺负行为一定会得到改正的。

　　最后，祝您全家身体健康，快乐幸福，事事如意！

　　此致

敬礼

殷老师
2015年9月17日

42

挑食偏食害处多
——孩子挑食偏食怎么办

小珍妈妈:

　　您好!

　　来信已收悉。您在信中谈到您正在上初二年级的女儿小珍,从小就喜食猪肉,人长得胖嘟嘟的,1.6米不到的个子体重竟然有80多公斤。前天晚上小珍爸爸做了清蒸鲳鱼、冰糖肘子、炒苦瓜、紫菜汤,全家人高高兴兴地坐在餐桌旁吃饭。小珍坐上椅子一见冰糖肘子,就高兴地喊道:"嘿,真棒!今天有我喜欢的冰糖肘子。"马上动手将盛冰糖肘子的盘子拉到了自己前面,拿起筷子一心一意地向冰糖肘子"进攻"。爸爸劝小珍多吃一点苦瓜,说苦瓜清火,小珍听也不听。爸爸将剔除刺的鱼肉放到小珍的碗中,也被小珍推到了一边。看到小珍只吃肉不吃其他食物的挑食样,爸爸在一旁直摇头。面对小珍越来越胖的身材,您感到非常无奈,不知道该如何矫正她挑食偏食的习惯。

　　小珍妈妈,小珍挑食偏食可能与她早年的某些经历、父母的教养方式以及就餐时的不良联想有关。美国杜克大学饮食失调中心的研究人员认为，如果孩子在幼年患过与饮食有关的疾病，例如食物中毒、胃病、胃酸反流等，他们会将病痛与一些食物联系在一起，只局限于吃从小喜爱的食物，从内心深处恐惧自己不熟悉的食物，导致挑食偏食。

小珍妈妈，一个人的饮食习惯是在儿童时期形成和发展的，并会持续到成年，甚至一生。挑食偏食行为不仅影响孩子的生长发育，还会影响孩子长期健康，甚至会产生心理障碍。因此，有必要及时加以矫正。具体的矫正方法有：

1. 认知改变法

家长要了解孩子对挑食偏食的一些看法，帮助孩子分析哪些认识是错误的，列举错误认识的危害，结合一些挑食偏食影响身体健康的案例，让孩子产生克服挑食偏食习惯的愿望。

2. 榜样示范法

家长要以身作则，带头吃多样化的食物，这样对孩子营养的均衡吸收有着重要的作用。另外，家长在吃饭时应专心一致，不要谈笑，不要看电视，给孩子做出榜样。

3. 行为训练法

家长应妥善地安排三餐，做到早餐质量高，中餐较丰盛，晚餐宜清淡，并合理指导安排孩子吃零食的时间、数量，告诫孩子在吃饭前或吃饭时不要喝含糖饮料，培养孩子定时吃饭的习惯。

4. 正向强化法

家长和孩子一起制订改变挑食偏食的契约，一旦发现孩子不挑食偏食时，即给予精神及物质的奖励。这样经过连续多次强化后，孩子就会逐渐改掉挑食偏食的习惯。

5. 系统脱敏法

家长在准备伙食时，可以在孩子喜欢的食物中逐渐加入其不喜欢吃的食物，让其慢慢适应不喜欢吃的食物的味道，以后逐渐增加不喜欢吃的食物的种类和数量，让孩子一步一步、由易到难地改变挑食偏食的坏习惯。

6. 变换花样法

引起孩子进食的兴趣后，家长还应变换花样制作食品。如有的孩子煮鸡蛋吃厌了，家长可以做炒鸡蛋、荷包蛋、蛋汤，不断更新烹饪方法，引起孩子进食的兴趣。如孩子吃红烧肉吃厌了，不愿再吃肉，家长可以把肉做成馅儿，包馄饨、水饺、包子给孩子吃。当孩子吃得津津有味时，可以告诉他，这是肉做的。这样可以有意识地培养孩子合理饮食的好习惯。

小珍妈妈，小珍正处于生长发育期，身体和性格的可塑性强，只要父母掌握科学的方法和营养健康知识，找准原因对症下药，并且持之以恒，让孩子做到合理营养、膳食平衡并非难事。我相信，经过你们的努力，小珍挑食偏食的习惯一定会得到改正的。

最后，衷心祝您全家身体健康，快乐幸福，万事如意！

此致

敬礼

殷老师

2015年9月22日

亲子沟通编

青春逆反为独立
——孩子逆反怎么办

小强妈妈：

　　您好！

　　来信已收悉。您在信中谈到您正在上初二年级的儿子小强，本学期以来，经常对父母的叮咛和嘱咐表现出反感。上星期二晚上，小强一直在网上打游戏，没有按时完成家庭作业。您说了他几句，他竟然同您争吵起来。您越说越火，他也争得面红耳赤。后来，您听见砰的一声，小强跑出了家门。据老师反映，最近小强的学习成绩也出现了较大下滑。为此，您感到非常烦恼，不知道该如何和小强进行沟通。

　　小强妈妈，孩子出现的这种现象是典型的逆反心理的表现。随着青春期的来临，孩子的独立意识和成人意识开始出现，他们强烈渴望摆脱家长的束缚，按照自己的想法独立行事。但由于不少家长不了解孩子的这种变化，教育方法仍然简单、粗暴，导致孩子产生逆反心理，出现对立情绪。

　　小强妈妈，孩子出现逆反心理，一方面说明孩子已经长大了，有了自己的独立思想，这对增强孩子今后的自尊心、自信心和自豪感很有帮助。但任何事物都有两面性，由于孩子年纪较轻，缺少社会经验，逆反心理往往会使他对正面问题作反面思考，以个别的现象否定主流的价值，反感纪律法规的要求，变得蛮横任性。因此，有必要及时加以矫正。矫正时，首先，应尊重信任孩子，多找孩子交流，倾听孩子的想法，与孩子一起分析逆反心理的危害，提出改正的方法。其次，要注意批评的方式方法，尽可能不当着旁人的面批评孩子；批评时对事不对人，把重点放在如何改正上，而不是揪着孩子的错误不放。如果批评时孩子情绪反应激烈，可以采取冷处理的方式，待孩子冷静下来，等冲动平息后再作提醒。再次，进行角色互换，让孩子扮演家长，体谅家长的忙碌和辛苦。心理学研究表明，个体在一定时间内把自己当成另外一个人，并按照这个人的态度和行为方式来生活，那么这个人的态度和行为方式会固定到角色扮演者身上，使扮演者形成新的态度和行为方式，最终实现态度转变，消除逆反心理。最后，进行积极暗示。让孩子每天不定时地对自己说"父母很辛苦"，"父母是为我好"，"要和父母积极沟通"之类的话语。通过这些话语进行心理暗示，减轻抵触情绪，避免逆反心理。

小强妈妈，以爱的教育为主线，从激发爱的情感入手，用真情去打开孩子的心扉，消除孩子的顾虑，才能有效预防孩子的逆反心理，建立和谐的亲子关系。我相信，随着你们的努力，你们亲子之间的沟通问题一定会得到有效解决的。

最后祝您全家身体健康，快乐幸福，事事如意！

此致

敬礼

殷老师
2014年10月5日

孩子犟嘴怎么办

——孩子犟嘴怎么办

小枫妈妈：

您好！

来信已收悉。您在信中谈到您正在上初二年级的儿子小枫，思想要求上进，学习成绩较好，就是喜欢犟嘴。据老师反映，有一次，小枫在英语课上写数学作业，英语老师看到后让他把作业收起来。小枫趴在桌子上，丝毫不理会英语老师。英语老师说："你不听话，就请你到办公室去反思。"小枫便回嘴说："去就去，谁怕谁。"还有一次，小枫和村里的小伙伴因为小事发生口角，小枫竟然动手打了人家。爸爸为此说了小枫几句，他竟然和爸爸顶起了嘴。诸如此类的情况还有很多。面对一个爱犟嘴的孩子，您不知道该如何和他进行沟通。

小枫妈妈，犟嘴这种现象在青少年中并不少见，这与孩子的道德评价水平低有关。青春期是孩子生理和心理发生急剧变化的时期，是人一生中最重要也是最危险的时期，这时孩子思维的独立性和批判性显著发展，不满足于简单的说教和现成的结论，但由于身心还不成熟，他们对自己的自主又不自信，对外界评价非常敏感，容易产生固执和偏激，开始犟嘴。

小枫妈妈，孩子犟嘴导致听不进别人的意见，处于与他人相抵触的心理状态中，长此以往，会产生认知偏差，造成人际关系紧张，不利于身心健康。因此，有必要及时加以矫正。具体的矫正方法有：

1. 找准症结以心换心

每个孩子都有被尊重和成功的需要。家长不但要留心孩子的言行，更要了解他的内心世界，耐心细致地引导孩子，使之认识到，犯了错误不要紧，重要的是要勇于承认错误，改正错误。同时，要努力捕捉孩子反馈的每一个信息，给予他成功的体验，让他产生向上的动力，给他的自我表现欲找到最佳的释放点。

2. 适度施压，恰当开导

孩子犟嘴时，心理是脆弱的。为此，平时家长应及时给孩子补充"维生素No"，对孩子的言行有意渗透否定意识，让孩子体验受批评的滋味，锻炼抗压的能力。

3. 想方设法，提高认识

孩子犟嘴是因为对自己的行为缺乏正确的道德评价，自以为是。这不是通过一两次谈话就能解决的，需要通过采取多种方式来提高认识，如阅读图书、观看电影、演讲故事等，需要有一个较长的潜移默化的过程。

4. 坚持原则，注意策略

当孩子情绪激动犟嘴时，家长可以先把孩子带到一处陌生的环境，让他静下心来想想刚才的冲动行为，然后亲子双方再以真诚的表情，恳切的语言，心平气和地分析犟嘴的利害关系，提出今后改正的方法。

小枫妈妈，对于孩子的犟嘴，在沟通时一定要心平气和，以情动人，以理服人，要坚信每一个孩子都想学好，也都能学好。我相信，经过你们的努力，小枫一定会学会和您有效沟通的。

最后，祝您全家身体健康，快乐幸福，事事如意！

此致

敬礼

殷老师
2014年10月18日

包办代替不是爱

——如何让孩子自主

小慧妈妈：

您好！

来信已收悉。您在信中谈到您正在上初二年级的女儿小慧，最近经常反感您说的话。昨天，您回家后跟小慧说："隔壁邻居对孩子无微不至关心照顾，做得真好，我真是惭愧啊。"小慧一听便来气，饭也不吃了。您觉得莫名其妙，对小慧说："我自叹不如，你生什么气？"小慧马上大声嚷嚷："你们家长是自找的，我们已经长大了，谁要你们整天管头管脚！"面对女儿的这种态度，您不知道该如何和她沟通。

小慧妈妈，小慧出现这种态度的原因可能是您平时对女儿包办代替的事情太多。不少家长认为，亲力亲为就是爱孩子，总是担心孩子不会做，对孩子的未来充满不安、焦虑，甚至恐惧，每天围着孩子转，让孩子不要做这样，不要做那样，什么都放心不下，慢慢地，就形成包办代替的教育模式。其实，包办代替只是表面原因，深层次的原因是家长不会爱孩子。

　　小慧妈妈，包办代替不仅容易养成孩子的依赖心理，使孩子做事缺乏责任心，而且容易产生自卑感，一事无成，最终导致怨恨家长。因此，有必要加以及时纠正。纠正时，首先，应尊重孩子的独立性。每个孩子都有自己的特殊性，家长应当尊重孩子的个性、特点、兴趣、爱好，相信孩子有自我成长的力量，不要去试图控制孩子，尤其是到了青春期，你越控制他，他就越反抗。其次，鼓励孩子动手做，宽容孩子做得不好的地方。孩子天生就喜欢自己动手做事，但是通常在他们动手之前家长就已经为他们准备到位，甚至当他们坚持自己尝试时，家长还会阻止，甚至批评他们，他们的积极性和主动性因此受到打击，渐渐就变得被动等待家长包办代替了。因此，家长要不怕麻烦，不嫌孩子做得不好、不熟练、帮倒忙，要充满热情地鼓励孩子动手，宽容孩子在操作中出现的失误。再次，经常启发孩子试一试、想一想。孩子经常会求助于家长，家长不要拒绝孩子的求助，也不要代替孩子动手动脑，要经常启发孩子"动手试一试吧，看看有什么新发现"，或者"动脑想一想吧，你一直是个爱动脑的好孩子！"这样，才会促进孩子的自信心和独立性的形成。最后，提倡家长做一半，为孩子留一半。生活中的许多技能需要家长手把手地教给孩子，但这不意味着家长可以完全代替孩子。在教授某种技能时，家长可以先做一遍，然后让孩子模仿着做一遍；如果孩子不能完全独立地模仿，家长可以先做一半，为孩子留一半，使孩子处于半独立模仿的状态。这样，家长为孩子营造一个从依赖到半独立，再到独立的过渡空间，有利于促进孩子心智的健康成长。

　　小慧妈妈，改变包办代替不仅需要家长努力，也需要孩子的配合。要让孩子懂得暂时的清闲不是爱，给她长久的生存能力才是真正的爱。只有这样，小慧适应社会的能力才会更强！我相信，经过你们的努力，孩子一定会转变和您沟通的方式的。

　　最后，祝您全家身体健康，快乐幸福，事事如意！

　　此致

敬礼

殷老师

2014年10月26日

喜不过予怒不夺

——孩子情绪多变怎么办

小北爸爸:

　　您好!

　　来信已收悉。您在信中谈到您正在上初一年级的儿子小北,最近情绪很不稳定,极易兴奋和动怒。前天早上,你们父子俩正在有说有笑洗漱,当您倒水给小北洗脸时,没注意到温水倒到了他手上,小北马上就非常恼火,冲您直吼,您道歉也不管用。过一会儿,您看到小北还在生气,就随意说了一句"难不成你把水倒在我手上,你才能解气呀?"没想到您话刚说完,小北就真的一下子把壶中剩下的那点温水往您手上倒下来。您感到非常惊讶,忍不住批评了他几句,小北也意识到自己过火了,同时也觉得委屈,竟在一边哭了起来。面对这样一个情绪不稳定的孩子,您不知道该如何和他沟通。

　　小北爸爸,随着青春期的来临,孩子的情绪会很不稳定,有时情绪高涨、热情洋溢;有时又消极低沉、孤独压抑;有时相当激烈、粗暴,甚至失控,平常事在他们那里却会引发大强度的反应;有时又冷漠无情,装作世故,好像小大人似的。这些情绪变化他们自己也难以控制,表现为外部表情与内心体验的不一致性。

　　小北爸爸，作为家长，要善于体谅孩子的情绪状态，学会巧妙沟通，以柔克刚，因势利导，帮助孩子控制情绪。那么，家长应如何去和孩子有效沟通呢？首先，应接纳孩子。既然孩子的发展是一个成长的过程，一个学习的过程，无论他发生什么，父母永远是家长，要学会接纳孩子发生的一切，想方设法多陪伴他。其次，学会倾听孩子的声音。倾听时不仅要听孩子话语的表面意思，也要听话语中蕴藏的意思；不仅要听孩子说话的内容，也要听语气、语调、语速，更要观察孩子的表情和动作，等等。再次，学会与孩子共情。共情的意思就是感受孩子当下的感受，如果他皱眉头，父母也要皱眉头，说："你现在是不是很伤心啊？"倘若这时家长笑嘻嘻的，孩子就会感觉你完全不懂他。最后，学会自我开放。自我开放又叫自我暴露、自我揭示等，是公开、开放、暴露自己的某些经历、经验、思想、情感等与孩子共享。自我开放应适时适度。比如，当孩子遇到困难和挫折时，家长可以公开自己遇到类似情况的心路历程和解决方法，和孩子共勉。

　　小北爸爸，良好的亲子沟通，不仅能及时解决孩子心理上出现的各种问题，保护孩子的心理健康，培养孩子快乐、健全的人格，而且还能让孩子感受到父母对他的关爱，获得上进的力量，促进学业进步。我相信，随着你们的努力，小北的沟通方式一定会得到有效改进的。

　　最后，祝您全家身体健康，快乐幸福，事事如意！

　　此致

敬礼

殷老师
2014年11月12日

47

爱的本质是尊重

——如何对待孩子的隐私

小丹爸爸：

您好！

来信已收悉。您在信中谈到您正在上初二年级的女儿小丹，最近与妈妈的沟通出现了很大的障碍。前几天，眼看孩子的成绩下降，小丹妈妈就悄悄到学校去，与任课老师一个一个谈，发现了孩子的问题，于是，窝了一肚子火回到家。吃晚饭的时候，小丹妈妈对着女儿问："你们老师说，你上课讲话，作业也没交，到底是怎么回事？"小丹睁大了眼，脸涨得通红："你到学校去了？你为什么不告诉我？"妈妈顿时慌了手脚："是你们老师请我去的，我还没来得及告诉你呢。"小丹不屑地说："说谎。"接着就砰的一声关上房门，饭也不吃，也不理睬父母。面对小丹这种表现，您不知道该如何和她沟通。

小丹爸爸，随着孩子进入青春期，生理上的迅速发育带来了心理上的日益成熟，自我意识开始觉醒，变得更加关注自我，不再像儿童时期那样情感外露、率性天真了，即使对最亲近的人也很少吐露真情，有心事、有秘密也不愿轻易敞开心扉，也不愿和父母、长辈多交流。孩子渴望拥有自己的心理空间，那是一个不被人打扰，可以自由放飞心灵的精神世界，是承载喜怒哀乐，甚至美好和丑陋并存的心灵一隅。遗憾的是，很多父母不了解青春期孩子这一特点，仍用固有的印象来看待已经变化了的孩子，依旧用老经验和老方法来教育孩子。于是，不少父母产生了越过心理界限的行为，剥夺了孩子成长的心灵空间。

小丹爸爸，如果不转变观念、改变态度、调整心态、改换方式，有效地与孩子沟通，只会与孩子的心越隔越远，更谈不上教育引导孩子了。因此，有必要及时改变落后的沟通方法。沟通时，首先，要尊重孩子的心理界限而不跨越。大家都知道，我们到饭店去吃饭，总要挑没人用的桌子；坐大巴，总是找旁边没人的座位坐。这时我们和别人保持一种身体和心理上的距离，在为自己和别人设立一种界限，有了这个界限，心理上才感到安全踏实。同样，在家庭教育中，如果家长越界侵犯了孩子的心理空间，无限扩张自己的版图，侵占孩子的自主空间，孩子就会感到不安全、不踏实。所以，家长要尊重孩子的心理界限，不要试图跨越，这样才能走进孩子的生活。其次，理解孩子的所作所为而不冲突。家长要走进孩子的世界，和孩子打成一片，就要理解孩子的言语、想法与行为。这样的理解不仅可以化解很多冲突，还可以提升和孩子沟通的质量。再次，遵循孩子的成长规律而不逾越。父母都希望自己的孩子将来学习好、工作好、生活好。受此心愿的驱使，父母越来越迫切地想让孩子学好各种文化知识，以便将来走得更顺利一些。但是，如果违背了孩子发展的自然规律，往往会把事情弄得很糟，这样不仅达不到预期效果，还会影响孩子的正常发展。最后，信任孩子的成长而不怀疑。青春期的孩子心理处于半成熟状态，到了有自己的小秘密的年龄，有了独立意识、界限意识、平等意识。有些小事家长其实不必了解得那么细，不一定都要知道，相信孩子的本质是好的，只要把握教育的大方向就行了。

　　小丹爸爸，没有信任的爱是难以相处的爱，孩子会放弃沟通；没有宽容的爱是窒息生命的爱，孩子会逃离家庭；没有理解的爱是冷漠无情的爱，孩子会心灵孤独；没有尊重的爱是践踏尊严的爱，孩子会失去自由；没有界限的爱是模糊不清的爱，孩子会捍卫边界。我相信，随着你们的努力，你们和孩子之间的沟通一定会越来越顺利的。

　　最后，祝您全家身体健康，快乐幸福，事事如意！

　　此致

敬礼

殷老师

2014年11月31日

有效沟通需共情
——如何学会换位思考

小菊妈妈：

您好！

来信已收悉。您在信中谈到您夫妻两人都是普通工人，上班时间很长，但经济收入一般。女儿小菊正在上初二年级。前天晚上6点多，您拖着疲惫的身体回到家里，本想好好休息一下，小菊竟朝着您大声嚷嚷："你难道不能早点回家做晚饭，我肚子都饿瘪了？难道你不知道我吃完晚饭还要做作业？"当您强忍疲惫准备拿出早上准备的稀饭热一下时，女儿又对着您大声说："一天到晚只知道省事省钱，今天又吃稀饭，上次我要的阿迪达斯运动鞋也不买给我，看看隔壁小玲整天吃好穿好，全身都是名牌，最近还买了一辆'捷达'高级自行车，生在你们家我真是倒霉死了。"面对女儿小菊这么不理解父母的行为，您不知道该如何和她进行沟通。

小菊妈妈，小菊的错误来自只从自己的角度思考问题，不会与家长换位思考，这与她青春期的独立意识急速膨胀有关。

换位思考是一种心理体验过程，将心比心、设身处地是它的心理机制，它要求人们将自己的内心世界，如情感体验、思维方式等与对方联系起来，站在对方的立场上体验和思考问题，从而与对方在情感上沟通，为增进理解奠定基础。

小菊妈妈，孩子不会换位思考，不仅影响了母女关系，而且影响了自身的心理健康。因此，有必要及时加以改进。改进时，首先，要教会孩子判断。家长可以利用图书、杂志、网络等搜集一些换位思考的故事，让孩子阅读，征询孩子对故事中人物的意见，总结换位思考的做法。其次，要教会孩子反思。心理学上有一个叫"空椅子"的技术，对于帮助孩子换位思考很有帮助。具体做法：在一个封闭的房间中，放一张桌子和两把椅子，让孩子先坐在其中一把椅子上，写出亲子冲突时自己的想法和体验，写完再坐到另一把椅子上，写出父母的想法与体验。这样设身处地思考，孩子才会理解父母。再次，让孩子表演家长。安排家庭情景剧，让孩子扮演父母，体会父母的所思所想，特别是闹矛盾的时候父母内心的失落和难过，最后相互宽容，解决问题。最后，在社会实践中体验家长。要理解父母，孩子就必须身处父母的环境中。如果条件许可的话，父母可以带孩子深入到工作单位，体验父母一天的劳动，感受父母劳动的忙碌和艰辛，通过亲身体验来提高换位思考的能力。

小菊妈妈，换位思考是融洽人与人之间关系的最佳润滑剂。学会换位思考不仅是改善亲子关系的需要，更是今后人际交往的需要。只有换位思考，才会迎来别人对自己的理解与尊重，才能取得今后事业的成功。当然，换位思考和批评教育也要相结合，如果再三教育孩子仍不懂道理，仍不体谅父母，这时候严厉批评也是需要的。我相信，随着你们的努力，你们之间的沟通方式一定会得到有效改进的。

最后，祝您全家身体健康，快乐幸福，事事如意！

此致

敬礼

殷老师

2014年12月20日

刮目相看人和事

——如何对待刻板印象

小洋妈妈：

您好！

来信已收悉。您在信中谈到您正在上初三年级的儿子小洋，最近和爸爸的关系不太好。前几天，小洋问爸爸要钱，爸爸没给他，还顺口说了句"又要钱，还是和小时候一样，一天到晚只知道吃"，惹得他很不高兴。昨天起床，小洋跟爸爸说，觉得头有点晕，想休息一下。爸爸还没听完，就生气地说："什么？你说头晕？算了吧，你不用说了，我早知道你那点小心眼！你不就是想出去玩吗？不就是不爱学习吗？不行！今天你必须乖乖地给我待在家里！不把我给你留的那20道题做完，别想走出这个大门！"小洋顿时觉得委屈，耍赖躺在床上。爸爸认为小洋越来越不听话，还会耍小心眼了。父子俩的关系一下子就闹僵了。面对父子间出现的沟通问题，您不知道该如何解决。

小洋妈妈，小洋和爸爸之间出现的问题主要是小洋爸爸的刻板印象造成的。所谓刻板印象，是指一个人在一定时间内所形成的一种具有一定倾向性的心理趋势，即一个人在其过去已有经验的影响下，在心理上对某一特定人物或活动保持固有的印象。刻板印象会束缚人们的思维，使得人们总用常规方法去看待问题和解决问题，而不去寻求其他突破的途径，不利于问题的解决。

小洋妈妈，小洋爸爸对小洋先入为主，产生思维定势，影响了对孩子的评价，有必要及时加以矫正。具体的矫正方法有：

1. 加强学习

刻板印象与个人的经验和社会学习有关。家长主动学习一些儿童发展理论和教育教学理论，有利于开阔视野，了解孩子身心发展的规律，用发展的眼光看待孩子，改变刻板印象。

2. 扩大接触

家长要避免陷入刻板印象，就要走出自己的家庭，多种渠道接触和了解其他的孩子。了解越多，家长的实践经验就越丰富，就越不可能对孩子形成刻板印象。

3. 学会判断

看到孩子出现一些问题，在判断原因之前，不要轻率地下结论或过早做出非理性的反应，要多问几个为什么，搞清原因，然后做出正确的处理。

4. 开放心态

家长要尽可能保持开放的心态，多注意搜集社会上关于刻板印象的负面资讯，以此警示自己，吸取经验教训，随时修正

偏误或者不准确的信息。

5. 换位思考

家长应站在孩子的角度，设身处地思考问题，把自己的内心世界与孩子联系起来，这样亲子在情感上就得到了沟通，从而为相互理解奠定了基础。

小洋妈妈，克服刻板印象就要相信和尊重孩子，用发展的眼光看待孩子，挖掘孩子的心理潜能，释放孩子生命的精彩。我相信，经过你们的努力，小洋和爸爸的沟通方式一定会得到改进的。

最后，祝您全家身体健康，快乐幸福，事事如意！

此致

敬礼

殷老师

2015年3月11日

价值成长更重要

——如何做到价值成长

小刚爸爸：

　　您好！

　　来信已收悉。您在信中谈到您正在上初一年级的儿子小刚，最近问题特别多。不是今天要看电视，因为有周杰伦；就是明天要读报纸，因为有钓鱼岛；还经常要跟您讨论房地产的事情或者军事的问题；等等。您很不理解，孩子的任务就是好好学习，哪有那么多奇怪的想法啊？面对孩子的这些问题，您不知道该不该和他沟通。

　　小刚爸爸，进入青春期，孩子的价值观正在形成，也正在为自己的价值观寻找市场，可是不少家长害怕孩子胡思乱想影响学习，所以就没有耐心去倾听、感受孩子的思想，没有去关注、发展孩子的价值观。于是，孩子的价值观在家庭里没有市场，成了亲子沟通的一大障碍。

　　小刚爸爸，价值观对动机有导向的作用，具有不同价值观的人，其动机不同，产生的行为方式也不相同。因此，培养正

确的价值观对于孩子的健康成长具有非常重要的意义，有必要
切实加以重视。具体培养方法有：

1. 鼓励孩子自由发展

不少家长已经习惯于自己的权威，常是自己说了算，对孩
子的自由选择不但不进行鼓励，反而可能会予以批评，这是错
误的。作为家长，应鼓励孩子无拘无束地探索世界，鼓励孩子
去发现并欣赏自己独特的地方，促使孩子更健康地发展。

2. 协助孩子做出选择

青少年正处于身心快速发展时期，本身还不成熟，他们对
许多问题不一定能认识得很清楚。这时，就要帮助他们认识各
种可能的发展方向，思考行动的前因后果，做出正确选择，使
他们对自己的行动负责。

3. 启发孩子内向寻求

在鼓励孩子了解外部世界的同时，也要鼓励他们了解自
己，帮助他们发现自己的兴趣、爱好及能力等。这样，才有利
于挖掘他们的潜力，形成自己的个性。

4. 给予孩子讨论机会

亲子之间公开表示和讨论自己的观点，不仅会加强对彼
此的了解，增进友谊，而且也会使孩子的价值观更加成熟和稳
定。

5. 磨砺孩子行动意志

价值观的形成是探索自己、接受自己和强化自己的过程。
在做出了正确选择以后，必须持之以恒地锻炼，才能形成稳定
的价值观。因此，家长应引导孩子克服困难和挫折，磨砺孩子

行动的意志，使孩子的行动具有稳定性和连续性。

　　小刚爸爸，孩子价值观的形成有一个过程，家长必须为此付出大量的心血和劳动。心理学家诺克玛曾经写道："作为一个价值观的催化者，需要奉献、弹性、参与和耐心。"为了孩子能拥有健康、积极进取并且富有意义的生活，家长做出这样的付出，也是很值得的。我相信，经过你们的努力，您和孩子之间一定会达成共识的。

　　最后，祝您全家身体健康，快乐幸福，事事如意！

　　此致

敬礼

殷老师

2015年6月11日

后　记

　　我从教30年，教过许许多多学生。最近几年，我一直在思考一个问题：现代学校管理越来越科学，教师教育教学越来越艺术，为什么孩子的心理和行为问题反而会越来越多呢？思考来思考去，感到除了社会和学校的原因外，家庭是最主要的原因。因为家是孩子的第一所学校，父母是孩子的第一任老师，也是孩子的终身老师。孩子是父母的镜子，孩子是父母的"作品"，父母对孩子性格的形成起决定性作用，家庭是成功孩子的港湾和出发地，家长是孩子走向成功的导师和助手，既要负责孩子的身体发育，又要负责孩子的心理发育；既要教会孩子学习知识，又要教会孩子学会做人。美国人泰曼·约翰逊认为，"成功的家教造就成功的孩子，失败的家教造就失败的孩子"，从这个意义上讲，家庭教育是其他一切教育的基础，父母对孩子的成长起着决定性的作用，怎么评价家长在儿童教育中的重要性都不过分。因此，从2010年开始，我在做好学校教育教学和管理工作之余，为配合各地的家长学校建设，应各学校的邀请，为学生家长作了近200场家庭教育讲座，每次讲座都取得圆满成功，不少家长或当场，或讲座后通过QQ、微信、电子邮件等与我互动，提出了许多关于孩子青春期教育的问题。

　　青春期是指人体从童年向成年过渡的人生关键时期，指的是男孩、女孩性器官迅速发育，神经系统以及心脏和肺等器官的功能也明显增强的时期，这个时期不仅身体增长快，而且人体各器官，特别是生殖器官的发育逐渐趋向成熟，有人称它为"人生历程的十字路口"，或称为"危险期""心理断乳期"等，它与儿童期有别，又与成人期不同。从发展眼光看，青春期无疑是人一生中最重要的时期，是一生中身体发育和智力发展的黄金时期。不少家长对孩子进入青春期缺少思想准备，不了解孩子进入青春期后的变化，教育方法简单、粗暴，导致孩子的逆反心理和对抗情绪愈益严重，而家长对孩子出现的问题又束手无策。

为此，我在出版《雨后彩练舞——学生常见的心理问题分析与教育对策》等书的基础上，于2015年3月开始撰写这本《淡定面对青春期——给青春期孩子家长的50封信》，详细解答青少年家长的困惑。本书撰写前后历时半年多，每天晚上花两个多小时撰写，到6月底完成草稿，2015年暑假又修改了几遍，终于完成。全书分为生理辅导编、心理辅导编、学习辅导编、行为辅导编和亲子沟通编五部分，共有写给家长的50封回信。在撰写过程中，得到了江阴市教育局陈兴初局长、南闸实验学校于新斌校长等领导的大力支持和华晓东、陈洪庆等老师的鼎力帮助，在此一并表示感谢。由于本人的知识水平有限，书中有不当之处敬请大家批评指正。

殷余忠
2015年9月28日